Christopher Lehmpfuhl

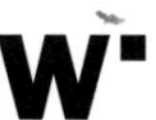

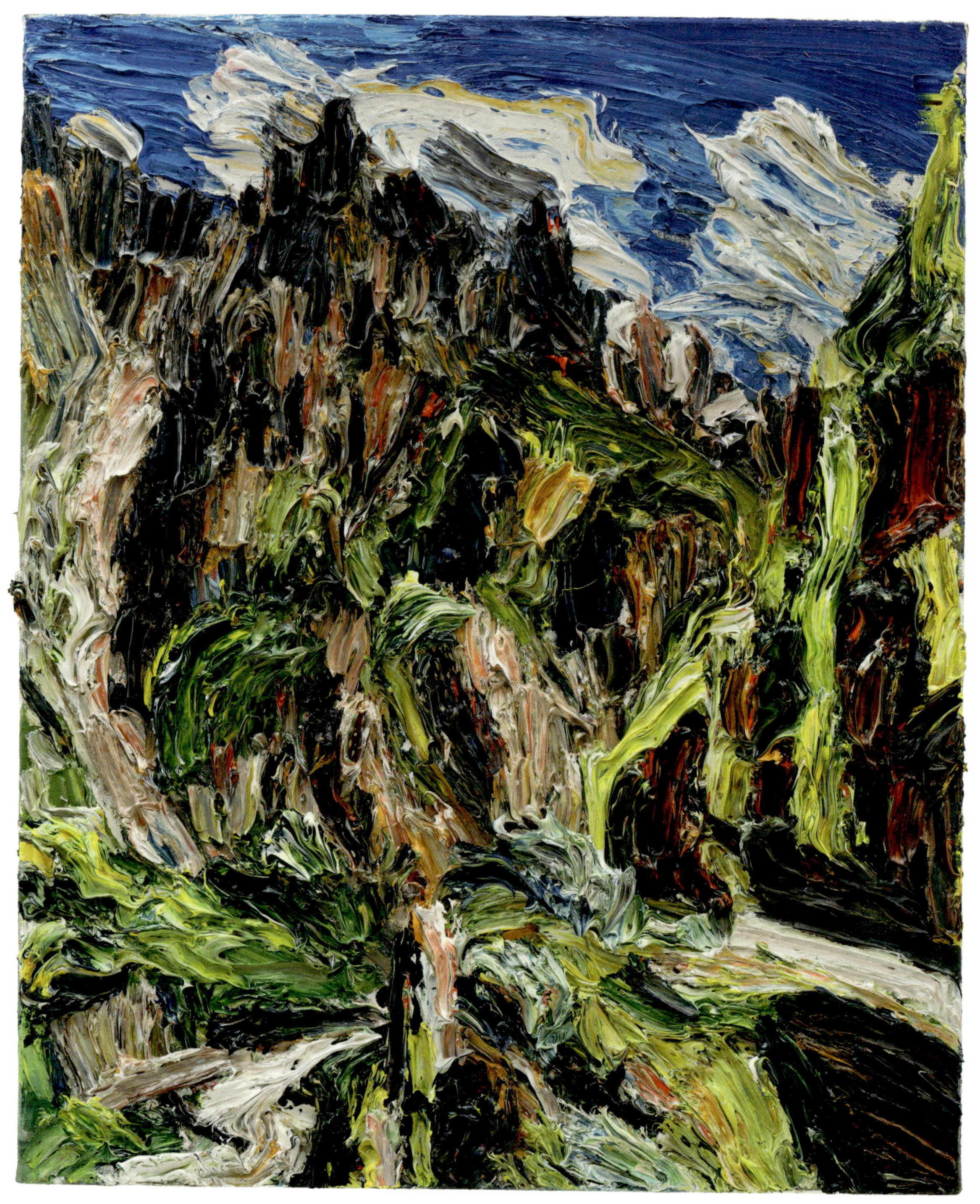

Christopher Lehmpfuhl IN GEORGIEN

Juni 2017

GALERIE**KORNFELD**

WIENAND

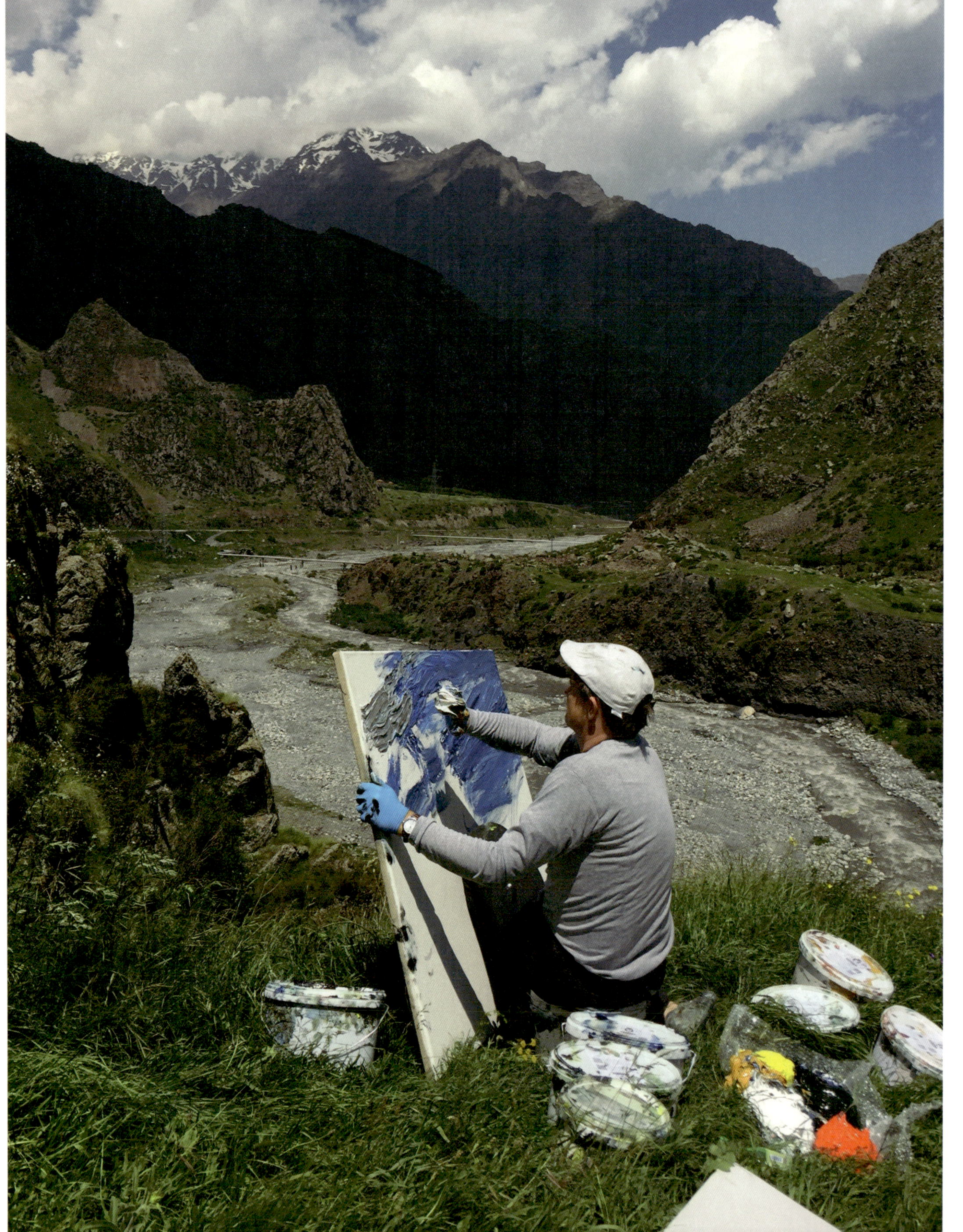

Christopher Lehmpfuhl
im Dariali-Tal
Christopher Lehmpfuhl
in the Dariali Valley

Mamuka Bliadze

Christopher Lehmpfuhl in Georgien

Christopher Lehmpfuhl wurde mir von Freddy Kornfeld vor zwei Jahren im Restaurant Manzini in Berlin vorgestellt. Er kam mit seiner Frau Erika, die zugleich seine Studiomanagerin und engste Mitarbeiterin ist. Der Abend verlief sehr angenehm, mit anregenden Gesprächen über viele interessante Themen. Ich hatte den Eindruck, als würde ich Christopher und Erika schon lange kennen, denn ihr Charakter und Lebensstil sind sehr natürlich und bodenständig.

Während unserer Unterhaltung hatte Freddy die Idee, dass es für einen Meister der *plein air*-Malerei wie Christopher reizvoll wäre, nach Georgien zu reisen und dort die mannigfaltigen Landschaften zu malen. Und das in meiner Begleitung. Einerseits war es für mich eine besondere Ehre, dass ein deutscher Maler meine Heimat künstlerisch darstellen sollte, aber andererseits fühlte ich mich etwas unbehaglich bei der Vorstellung, dass ich einen Deutschen, der an Ordnung und hohe Standards gewohnt ist, in ein Land mit einer völlig anderen Mentalität begleiten sollte.

Vor unserer Reise nach Georgien sagte mir Freddy, dass Christopher, der zwar offen für alles Neue ist, doch etwas Bedenken hinsichtlich der aufwendigen Logistik dieser Malexpedition und der Gegebenheiten in diesem Land hätte. Es sei gut, wenn ich ihn als Dolmetscher und Guide begleite. Das würde ihn ermutigen und seine Bedenken ausräumen. Ich war gar nicht erstaunt, aber trotzdem antwortete ich ihm scherzhaft, dass ich nicht die Absicht habe, über die große Geschichte Georgiens zu sprechen. Christopher solle bei Google die bekannte georgische Pianistin Khatia Buniatishvili eingeben und einen Fotoband über Georgien ansehen, dann werde er verstehen, wohin er reise.

Ich reiste zwei Wochen vor Christophers Ankunft nach Georgien, um seine Unterkunft, einen Lkw und einen Fahrer zu organisieren sowie andere praktische

Christopher Lehmpfuhl in Georgia

Two years ago, Freddy Kornfeld introduced me to Christopher Lehmpfuhl at the Manzini Restaurant in Berlin. He was with his wife Erika, who is also his studio manager and closest collaborator. The evening was very pleasant, with stimulating conversations about many interesting topics. I had the impression of having known Christopher and Erika for a very long time, as their characters and lifestyle are so natural and down-to-earth.

During our conversation, Freddy had the idea that it might be interesting for a master of *plein air* painting like Christopher to travel to Georgia and paint its manifold landscapes: and all this with me as companion. On one hand, it was a honour for me that a German painter might artistically depict my home country, but on the other, I felt slightly uncomfortable with the idea that I was to accompany a German, who is used to orderliness and high standards, to a country with a completely different mentality.

Before our trip to Georgia, Freddy told me that Christopher, despite being open for new experiences, was concerned about the logistics of the painting expedition and the local conditions. It would be good if I accompanied him as his interpreter and guide. This would encourage him and dispel his concerns. I was not at all surprised, but still I jokingly replied that I did not intend to speak about Georgia's great history; instead Christopher should google the famous pianist Khatia Buniatishvili and look at a picture book about Georgia, then he'd understand where he was travelling to.

I travelled to Georgia two weeks before Christopher's arrival, to arrange his accommodation, a lorry and a driver, as well as other practical things. As agreed, Christopher arrived in Georgia at the end of June 2017, landing in Tbilisi at four in the morning. We immediately brought him from the airport

Dinge zu erledigen. Christopher kam wie vereinbart Ende Juni 2017 mit dem Flieger um vier Uhr morgens in Tiflis an und wir brachten ihn vom Flughafen direkt in seine Wohnung. Wir vereinbarten, dass ich um zehn Uhr am Vormittag mit dem Fahrer wiederkäme, um gemeinsam beim Zollamt den vorausgeschickten Container mit den großformatigen Leinwänden und vielen Ölfarbeimern abzuholen. Unerfahren in Sachen Zoll konnte natürlich keiner von uns ahnen, was uns dort erwartete. Trotz stundenlanger Warterei bewegte sich die Schlange nur mühsam vorwärts, und wir hätten wahrscheinlich mindestens drei Tage gebraucht, wenn wir nach acht Stunden nicht die Hilfe einer Zufallsbekanntschaft gehabt hätten, die uns über die Freundin im Zollamt von dieser unangenehmen bürokratischen Prozedur erlöste.

Nach meinem im Voraus erstellten Plan sollte Christopher zuerst in der Tifliser Altstadt malen. Wegen der unerträglichen Hitze in Tiflis änderten wir den Plan jedoch spontan und beschlossen, in die Bergregion Kasbeki zu fahren. Dort angekommen, schaute sich Christopher sogleich in der Gegend um, fand schnell ein geeignetes Bildmotiv und begann die Dreifaltigkeitskirche von Gergeti zu malen, die sich vor dem Hintergrund des Bergs Kasbek erstreckte. Der Ort Kasbeki liegt 1.740 Metern über dem Meeresspiegel, und im Vergleich zu Tiflis ist die Lufttemperatur viel angenehmer für die Arbeit eines Malers.

Tief beeindruckt hat mich Christophers Malprozess. Er benutzt keine Staffelei und keine Pinsel. Anstelle einer Staffelei nutzt er seinen Körper, den Boden oder die Sackkarre für die Farbeimer. Die Pinsel sind seine Finger. Er trägt mit seinen Händen große Mengen an Ölfarbe auf die Leinwand auf und verteilt sie mit den Fingern. Man hat den Eindruck, dass er ein abstraktes Bild malt, was ja nicht erstaunlich in der heutigen Kunst ist. Aber im Laufe des Malprozesses versteht man, dass das seine Art der figurativen Malerei ist, die ich als Gemälde-Skulptur bezeichnen würde. Bewundernswert sind sein Talent und seine Kreativität. Wenn dieser Maler im Leben sehr nett und gesprächsfreudig ist, so wird er während des Malprozesses zu einer ganz anderen Person. Er kennt keine Pause, kein Mittagessen, keinen Durst oder Ähnliches. Bis er sein Bild nicht fertig gemalt hat, gibt es keine andere Welt um ihn. Vielleicht ist seine Kunst deshalb so produktiv und kraftvoll.

to his apartment. We agreed that I would return with the driver at ten this morning, in order to collect the container with the large-scale canvases and the many buckets of oil paint that had been sent on ahead. Inexperienced in custom matters, none of us could have known what awaited us there. We waited for hours, the line moving forward very slowly, and it probably would have taken at least three days, if, after eight hours, we hadn't been helped by a chance acquaintance, who, thanks to a friend in the customs office, saved us from this unpleasant bureaucratic procedure.

According to the plan I had created Christopher was to start painting in the historic district of Tbilisi. However, due to the unbearable heat in Tbilisi, we spontaneously changed the plan and decided to drive to the Kazbeg mountains. When we arrived, Christopher immediately started to explore the area, quickly found an appropriate subject, and began painting the Gergeti Trinity Church, spread out against the backdrop of Mount Kazbeg. The town of Kazbegi is 1740 meters above sea level, and, in contrast to Tbilisi, the air temperature is much more conducive to painterly work.

I was deeply impressed by Christopher's painting process. He uses neither easel nor brushes. Instead of an easel, he uses his body, the ground or the sack barrow for the buckets of paint. The brushes are his fingers. He applies large quantities of oil paint to the canvas with his hands and spreads it with his fingers. You get the impression he is painting an abstract image, which is obviously not unusual in today's art. Yet in the course of the painting process you realize that this is his style of figurative painting, which I would describe as painting-sculpture. His talent and creativity are admirable. While he is very friendly and talkative in "real life," he becomes a completely different person when painting. He doesn't take breaks, doesn't eat lunch, doesn't get thirsty or anything like that. Until he has finished painting his picture, there is no other world for him. Maybe that's why his art is so productive and powerful.

I vividly recall that the driver and I were hungry, hoping that the sun would set soon, so that Christopher would stop painting. When the time had

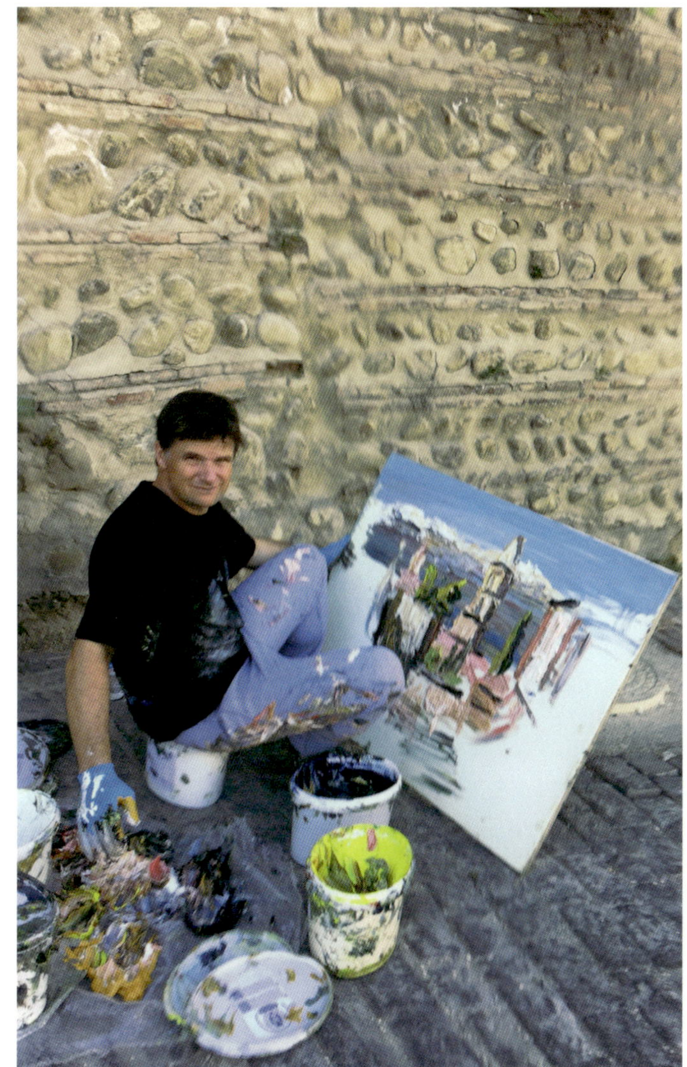

Christopher Lehmpfuhl in Sighnaghi

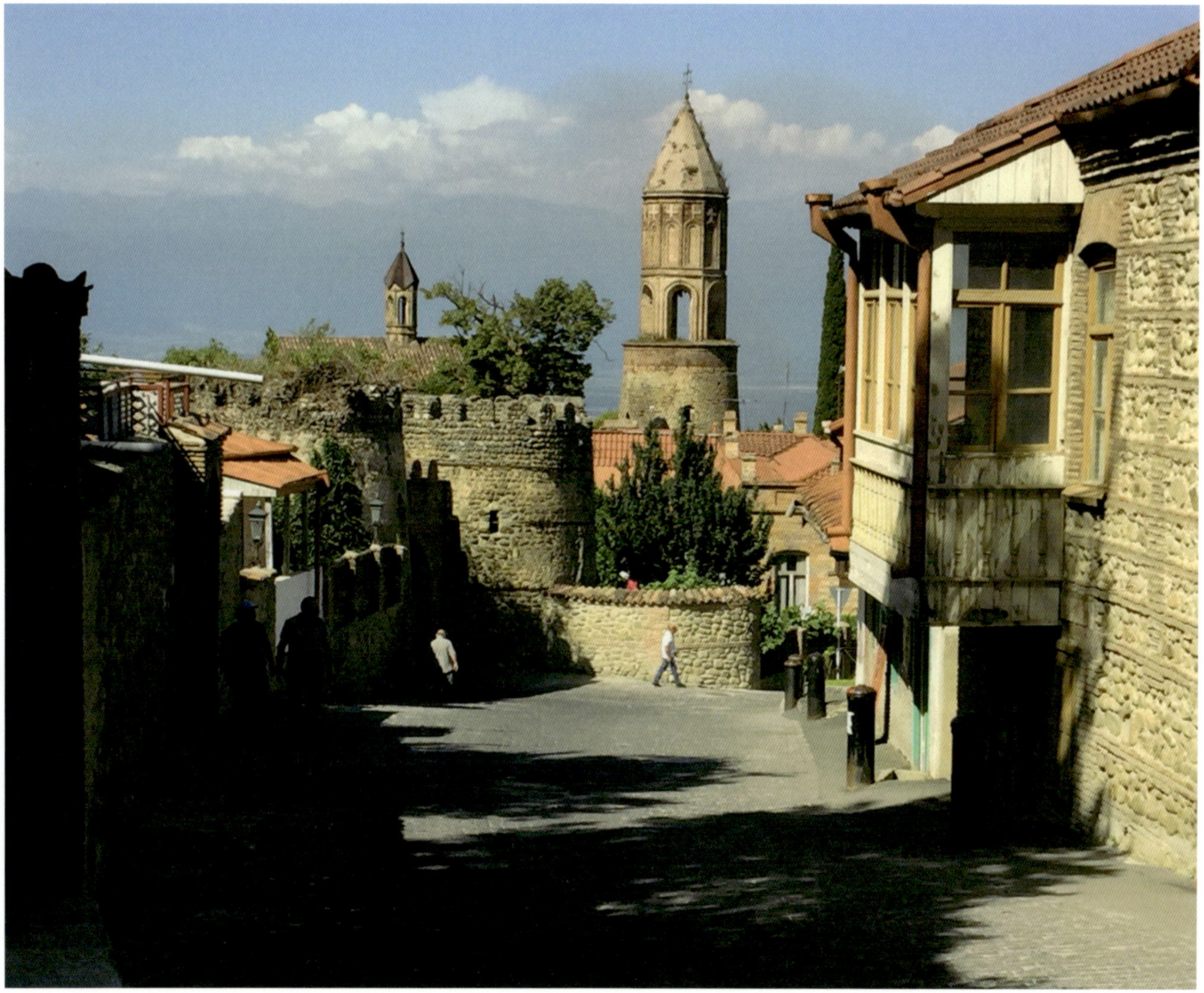

Straßenszene in Sighnaghi | Street Scenery in Sighnaghi

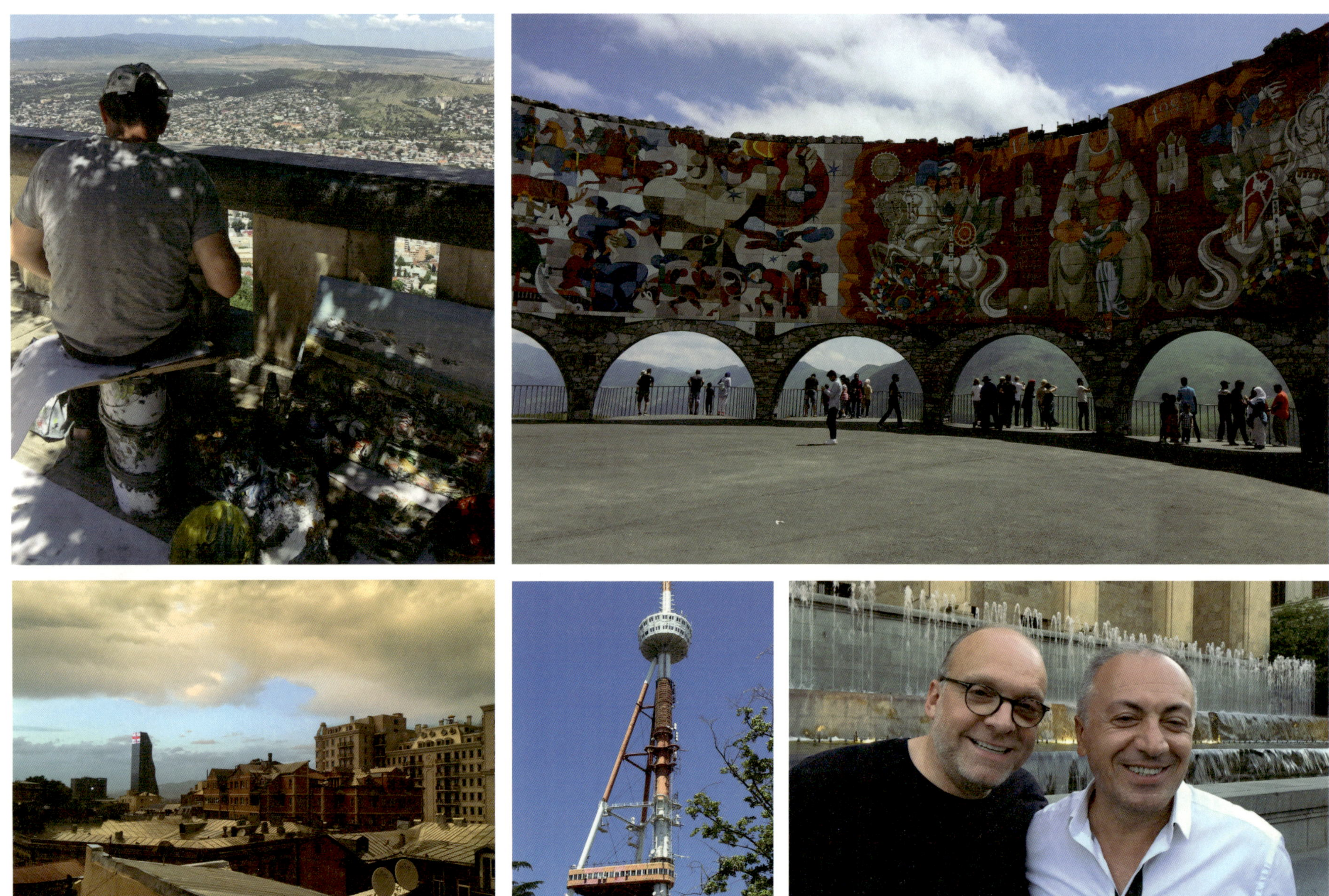

Von links oben nach rechts unten from top left to bottom right: Christopher Lehmpfuhl auf dem Mtazminda, Tiflis Christopher Lehmpfuhl on Mtatsminda, Tbilisi | Auf dem Weg in den Kaukasus On the way to the Caucasus | Abendstimmung in Tiflis Evening Mood in Tbilisi | Fernsehturm, Tiflis Television Tower, Tbilisi | Alfred Kornfeld und Mamuka Bliadze (rechts) Alfred Kornfeld and Mamuka Bliadze (right)

Ich kann mich gut daran erinnern, dass der Fahrer und ich Hunger hatten und wünschten, die Sonne solle bald untergehen, damit Christopher mit dem Malen aufhört. Als es endlich soweit war, setzten wir uns auf die Terrasse eines örtlichen Restaurants. Wir aßen genüsslich zu Abend und tranken dazu auch etwas. Da Christopher unsere kulinarischen Spezialitäten und heimischen Weine nicht kannte, musste ich sie für ihn auswählen, und ich freute mich immer sehr, wenn ihm ein von mir ausgewähltes Gericht schmeckte. Bald wurden wir müde und gingen ins Hotel, das gegenüber des Restaurants lag. Wir eilten in unser Dreibett-Zimmer und verteilten uns auf unsere Betten. In der Nacht weckte mich ein seltsames Geräusch. Zuerst dachte ich, dass es von einem Traktor käme. Doch bald verstand ich, dass unser Fahrer schnarchte. Ich warf einen Blick auf Christopher, um zu sehen, ob das Schnarchen auch ihn geweckt hatte, und sah, dass er mit einem riesigen Kopfhörer über den Ohren unter der Bettdecke versteckt lag. Er tat mir leid, denn ich dachte, er habe etwas mit seinen Ohren und benutze ein spezielles Gerät zu ihrer Behandlung. Inzwischen hatte das Schnarchen auch unseren Fahrer selbst geweckt, und er verließ das Zimmer gegen sechs Uhr morgens. Als Christopher bald darauf aufwachte, fragte ich ihn besorgt, ob er Ohrenschmerzen habe. Er antwortete mit schwacher Stimme: „Unser Fahrer hat so laut geschnarcht, dass es unmöglich war zu schlafen. Deshalb habe ich mich zu diesem Trick entschieden. Die Kopfhörer sind auch gegen Fluglärm geeignet.“ Ich konnte mein Lachen nicht zurückhalten, in das Christopher einstimmte. Auch später erinnerten wir uns oft an diesen witzigen Moment und lachten herzlich darüber.

Nach Kasbeki war Christopher auch vom Dariali-Tal begeistert, wo man auf ein riesiges Panorama zwischen dem Fluss Terek und die weit in den Himmel ragenden Berge blicken konnte. Er malte mehrere mächtige Gemälde von dieser Landschaft. Auch hier bewunderte ich seine Selbstlosigkeit beim Arbeiten sowie seine leidenschaftliche Hingabe zur Kunst.

Während unseres kurzen Aufenthalts in Georgien besuchten wir auch die Städte Sighnaghi und Mzcheta, das Kloster Dschwari in Mzcheta, das Bäderviertel und die Metechi-Kirche in Tiflis sowie den Mtazminda (den Heiligen

finally come, we sat down on the terrace of a local restaurant. We enjoyed the food and the drinks. As Christopher was not familiar with our culinary specialities and local wines, I had to select them for him, and I was very happy when he liked a dish I had chosen. Soon we were tired and went to the hotel, which was just opposite the restaurant. We hurried to our triple room and lay down on our beds. During the night, I was awoken by a strange sound. Initially I thought it was a tractor. Soon, however, I realized that our driver was snoring. I glanced at Christopher to see if the snoring had also woken him and saw that he was lying under the blanket wearing a huge pair of headphones. I felt sorry for him, thinking there was probably something wrong with his ears and that he was using a special device to treat them. In the meantime, the snoring had woken the driver himself and he left the room at around six in the morning. When Christopher woke up a little later I asked him, worriedly, whether he had an earache. He replied in a weak voice: “Our driver snored so loudly that it was impossible to sleep. That's why I decided to use this trick. The headphones can also be used against flight noise.” I could not help laughing, and Christopher joined in. Later we would often remember this funny moment and laugh about it.

Following Kazbegi, Christopher was also enthralled by the Dariali Valley, where you had a view of a huge panorama between the Tergi River and the mountains rising into the sky. He created several powerful paintings of this landscape. Here again, I admired his selflessness when working, as well as his passionate devotion to art.

During his short stay in Georgia, we also visited the towns of Sighnaghi and Mtskheta, the Jvari Monastery in Mtskheta, the bath district and the Metekhi Church in Tbilisi, as well as the Mtatsminda (the holy mountain), which looks over the entire city of Tbilisi. Georgian and foreign painters have always been interested in these historic towns and quarters. Many have re-created them in graphic and painterly works, yet, owing to his unique vision and pastose painting style, Christopher Lehmpfuhl's paintings of the Jvari Monastery, the Metekhi Church and Sighnaghi are abso-

Berg), der von oben auf die ganze Stadt Tiflis schaut. Für diese historischen Städte und Viertel interessierten sich schon immer georgische und ausländische Maler. Viele von ihnen haben sie bereits malerisch oder grafisch dargestellt, aber das von Christopher Lehmpfuhl gemalte Kloster Dschwari, die Metechi-Kirche und Sighnaghi sind aufgrund seiner einzigartigen Sichtweise und pastosen Malweise absolut anders, was auch das Publikum begeisterte. Die Passanten zeigten ein besonderes Interesse während seiner Arbeit unter freiem Himmel. Man fragte mich oft, ob dieser Künstler das Gemälde verkaufen würde oder wo man seine Werke erhalten könne.

Eines muss ich auf jeden Fall noch erwähnen: Seine Liebe und Verbundenheit sowie seinen Respekt seiner Frau und Tochter, seinen Eltern und Freunden gegenüber. An diesen Tagen musste er mindestens zweimal am Tag mit seiner Frau Erika und seiner Tochter Frida telefonieren – so konnte er seine Sehnsucht nach ihnen stillen. Christopher geht mit seiner Familie und seinen Freunden genauso verantwortungsvoll um wie mit seinem Beruf. Das hat meine Achtung ihm gegenüber um ein Vielfaches gesteigert.

Die mit ihm verbrachte Zeit war immer fruchtbar und angenehm. Ich versuchte, ihm etwas von unserer Kultur, unseren Spezialitäten und Vorlieben zu vermitteln. Wir führten anregende Gespräche, auch über klassische Musik, Ballett, Literatur und Theater und fanden dabei viele Gemeinsamkeiten. Ich hoffe, dass dieser Maler trotz seines vollen Terminkalenders Zeit finden wird, um Georgien wieder zu besuchen – diesmal mit Erika und Frida –, damit wir neue Werke von ihm mit Landschaften aus anderen Teilen Georgiens bewundern können.

lutely different. They also fascinated the passers-by, who showed a special interest in his open-air work. I was frequently asked if the artist would sell the painting or where his work could be purchased.

There is one thing I definitely need to mention: his love and attachment to his wife, daughter, parents and friends. During these days, he had to speak to his wife Erika and daughter Frida at least twice a day—and to thereby assuage his longing for them. Christopher treats his family and friends as responsibly as his work. This greatly increased my respect for him.

The time I spent with him was always productive and pleasant. I tried to teach him something about our culture, our specialities and tastes. We also had stimulating conversations about classical music, ballet, literature and theatre, and discovered many commonalities. I hope this painter, despite his busy schedule, will find the time to visit Georgia again—this time with Erika and Frida—, so that we may admire new works by him, featuring landscapes from other parts of Georgia.

Übersetzung: Kevin Kennedy

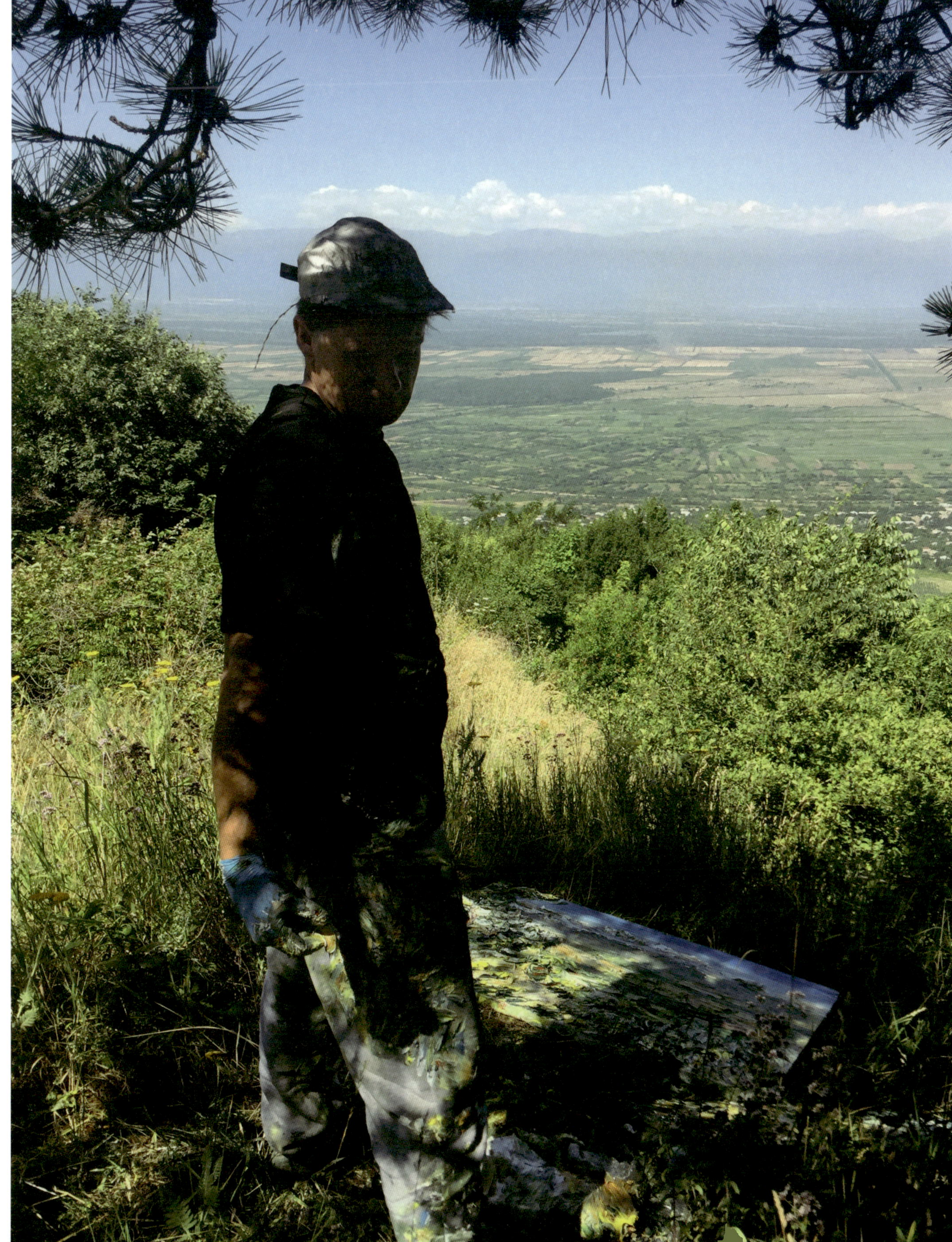

Christopher Lehmpfuhl
in Sighnaghi

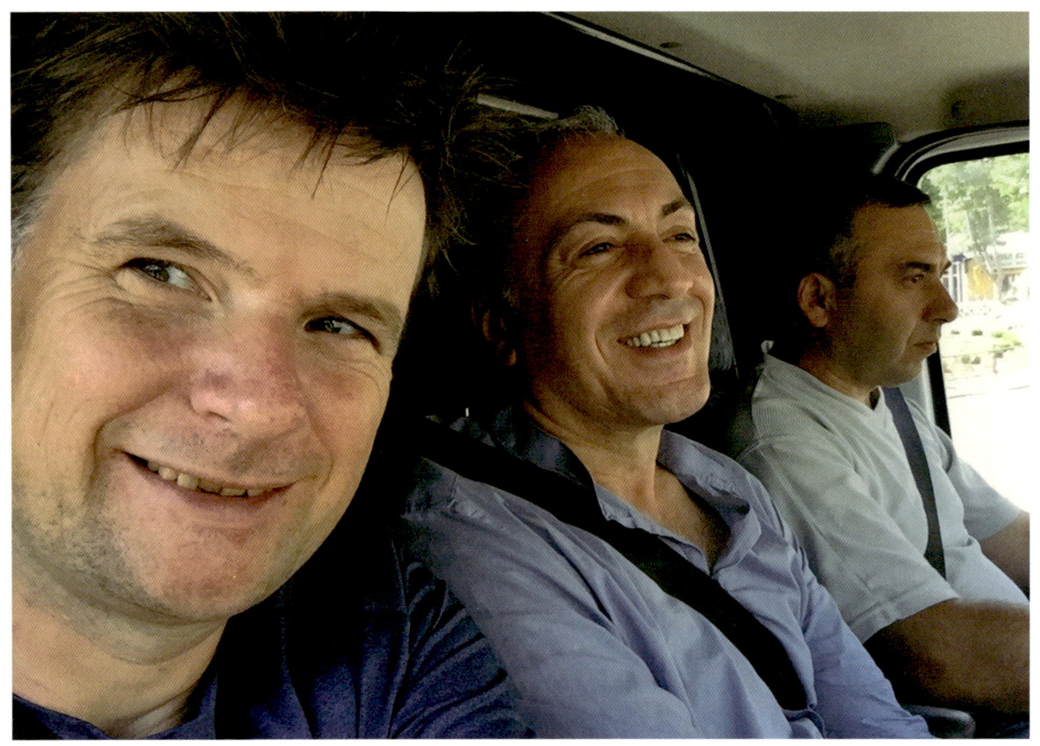

Christopher Lehmpfuhl, Mamuka Bliadze und der Fahrer | Christopher Lehmpfuhl, Mamuka Bliadze, and the driver

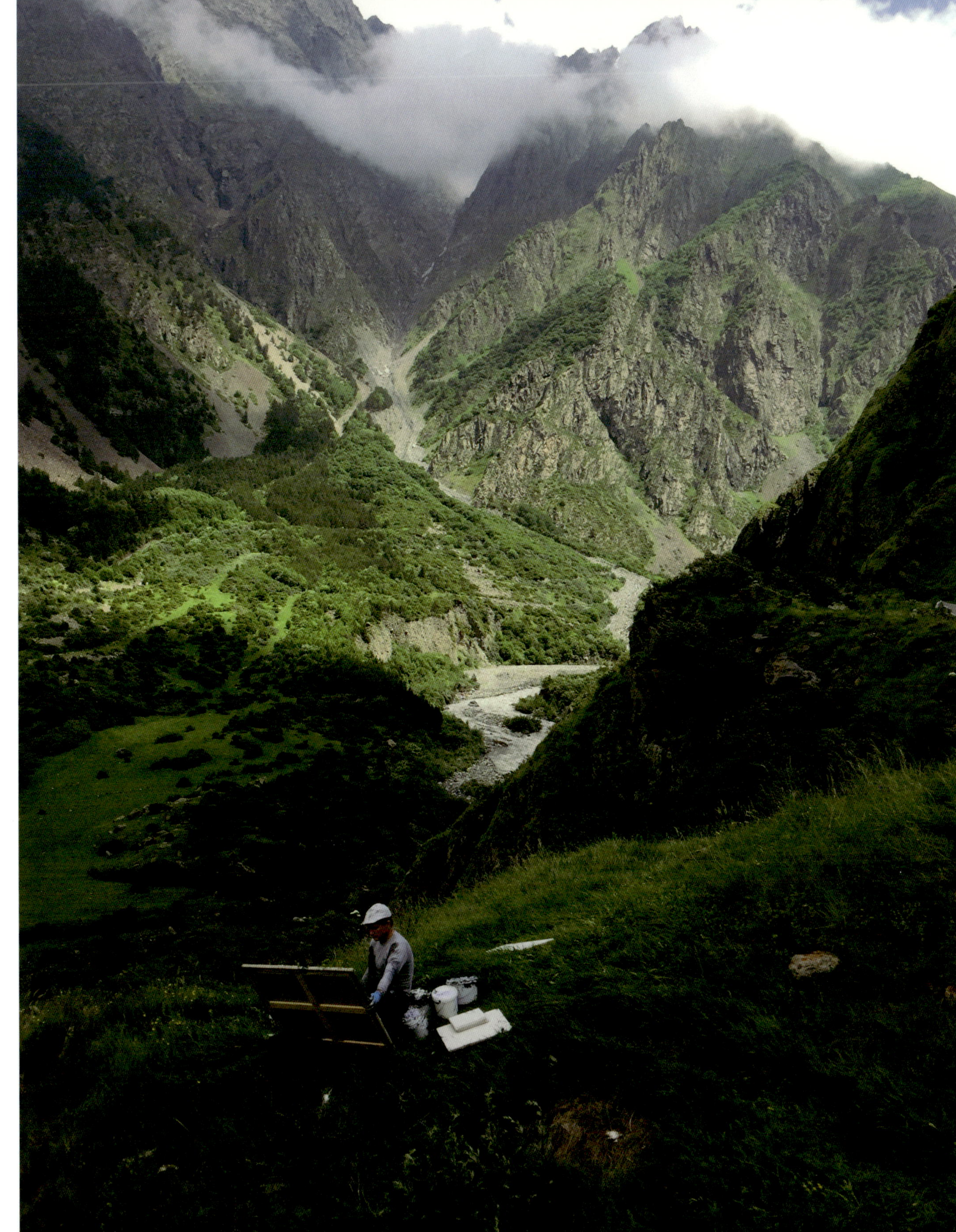

Christopher Lehmpfuhl
im Dariali-Tal
Christopher Lehmpfuhl
in the Dariali Valley

Mark Gisbourne

Christopher Lehmpfuhl
ATMEN UND MALEN

Einem Maler ist die Unmittelbarkeit haptischer Gegenwart ständiger Begleiter. Dies gilt für die Malerei des *plein air*-Künstlers Christopher Lehmpfuhl in besonderem Maße.[1] Lehmpfuhl bereichert die zeitgenössische Malerei durch einen sehr eigenwilligen Stil, bei dem er visuell und propriozeptiv direkt in die stoffliche Beschaffenheit seiner Bildproduktion eintaucht.[2] Der eigentliche Malprozess ist für diesen Berliner Künstler eine vitale Kraft: etwas, das ihn in Gegenwart der gewählten Stadt- oder Landschaftsmotive, die sein Gegenstand sind, zu verzehren scheint. Impressionistische und expressionistische Wahrnehmungs- und Ausdrucksformen miteinander verbindend hat Lehmpfuhl die kreativen Möglichkeiten der traditionellen *plein air*-Malerei radikal erweitert. Gelungen ist ihm dies nicht nur in materieller Hinsicht – durch den extrem pastosen Auftrag von Ölfarben und die Wahl großer Formate –, sondern auch im Blick auf das psychophysiologische Verhältnis zwischen sich als Schöpfer und der Oberfläche der von ihm produzierten Arbeiten. Das Malen als haptisch-performatives Verfahren, wie es Jackson Pollock als Erster in seinem Studio praktizierte, hat Lehmpfuhl von diesem übernommen und als malerische Methode weiter radikalisiert – durch spontane Unmittelbarkeit und sensorische Interaktion mit den Orten, an denen seine Bilder entstehen.[3] Zwar nimmt das Werk zufolge des Künstlers seinen Ausgang von einem geistigen Bild, das er *a priori* entwirft; wirklich werden kann es allerdings erst vor Ort, in unmittelbarer Gegenwart des gewählten Motivs. Ob es nun die stetig wachsende Reihe der Gemälde ist, die Berlin in seinem ewigen Werden und Wechsel zum Thema haben, oder die zahlreichen, an den verschiedensten Orten der Welt realisierten Werke: das *plein air* ist die verbindende Konstante in der Arbeit des Künstlers,[4] die auch in einer neuen Reihe von Gemälden zu erkennen ist, die im Juni 2017 an drei Orten in Georgien entstanden.

Mark Gisbourne

Christopher Lehmpfuhl
BREATHING AND PAINTING

As a painter the immediacy of haptic presence is a constant companion, and never more so than in the daily painting practices of the *plein air* artist Christopher Lehmpfuhl.[1] In what amounts to a highly personal approach to contemporary painting, the artist is visually and proprioceptively immersed in the direct material facture of his picture making.[2] In fact to this Berlin-born painter the actual process of painting is a vital life force, something that consumes him in the presence of the urban or landscape motifs of choice that are his subject matter. Through the active fusion of former Impressionist and Expressionist sensibilities Lehmpfuhl has radically expanded the creative possibilities of traditional *plein air* painting, that is to say he has achieved this not merely in terms of its material scope—through the heavy impasto use of oil colour and large scale canvases—but also in terms of the psychophysiological relationship between the maker and the surface of the thing made. For if Jackson Pollock was the first to bring out the haptic performative process of painting as a studio practice, Lehmpfuhl has further radicalised it as a painterly means, enacted through spontaneous immediacy and environmental sensory interactions with his chosen painting locations.[3] While as the artist explains that there is in the first instance an *a priori* percept of mind, it is only (and can only) be fully realised through the direct presence of the site-based subject that he has chosen to utilise. Whether speaking of his ongoing *opus magnum* of painted works that are focussed on and dedicated to the always changing "ever becoming" city of Berlin, or the numerous series of painted works that he has executed in diversely representative locations across the world, the open air approach remains the binding consistency of the artist's practice.[4] In this particular instance that consistency and evolved practice is expressed by a recent series of paintings executed at three different selected locations in Georgia in June 2017.

Lehmpfuhls Gemälde verdanken sich einem Schaffensprozess, der gleichermaßen in der Stofflichkeit der Farbe und der impliziten Natur eines Erinnerungsperzepts wurzelt. Solche Perzepte sind Gegenstand der psychologischen und phänomenologischen Wahrnehmungstheorien, die sich im späten 19. Jahrhundert – parallel zu den Strömungen des Impressionismus und frühen Proto-Expressionismus – entwickelten.[5] Im Perzept verbindet sich das Gefühl für das Material mit einem unmittelbaren, gesteigerten Zustand eines gleichzeitig wahrnehmenden und vorstellenden Bewusstseins: Es ist das wahrgenommene verinnerlichte Bild, das in dem Moment entsteht, in dem man ein bestimmtes Motiv zum ersten Mal sieht. Im vorliegenden Fall ist es das Ergebnis der Studien, die Lehmpfuhl an drei Orten in Georgien ausgeführt hat. Zu dieser Serie von *plein air*-Gemälden mit Landschaften, aber auch Kirchen und Stadtarchitektur als Motiven gehört auch *Morgenlicht im Terek-Tal* (Abb. S. 41). Hier lässt sich die Entstehung aus dem Perzept, dem vorgestellten und erinnerten mentalen Bild, das der Künstler dann mit seinen Fingermaltechniken formt, besonders deutlich

The creative process of Lehmpfuhl's painting is rooted in the conditions of the materiality of paint and the implicit nature of the percept of his memory. It follows from a psychological and phenomenological set of ideas on perception that emerged alongside late nineteenth century Impressionism and early proto-Expressionism.[5] It connects the sense of matter to the immediacy and expanded condition of the mind that is simultaneously sensing and imagining it, to the perceived interiorised image that is formed in the act of first viewing a chosen representative motif. In this instance it follows investigations of three Georgia locations including *Morgenlicht im Terek-Tal* (Morning Light in Tergi Valley, ill. p. 41), a work that is just one part of an executed series of landscape and architectural urban church subject *plein air* paintings. It begins as a percept or mental image (imagined and memorised) that is thereafter process enacted through the artist's active finger painting procedures.[6] The adoption of gloved-hand finger painting by Lehmpfuhl some fifteen years or so ago, was a chance discovery by the artist in the actual reparation of loose paint and abraded brushwork of

Ankunft in Tiflis | Arrival at Tbilisi

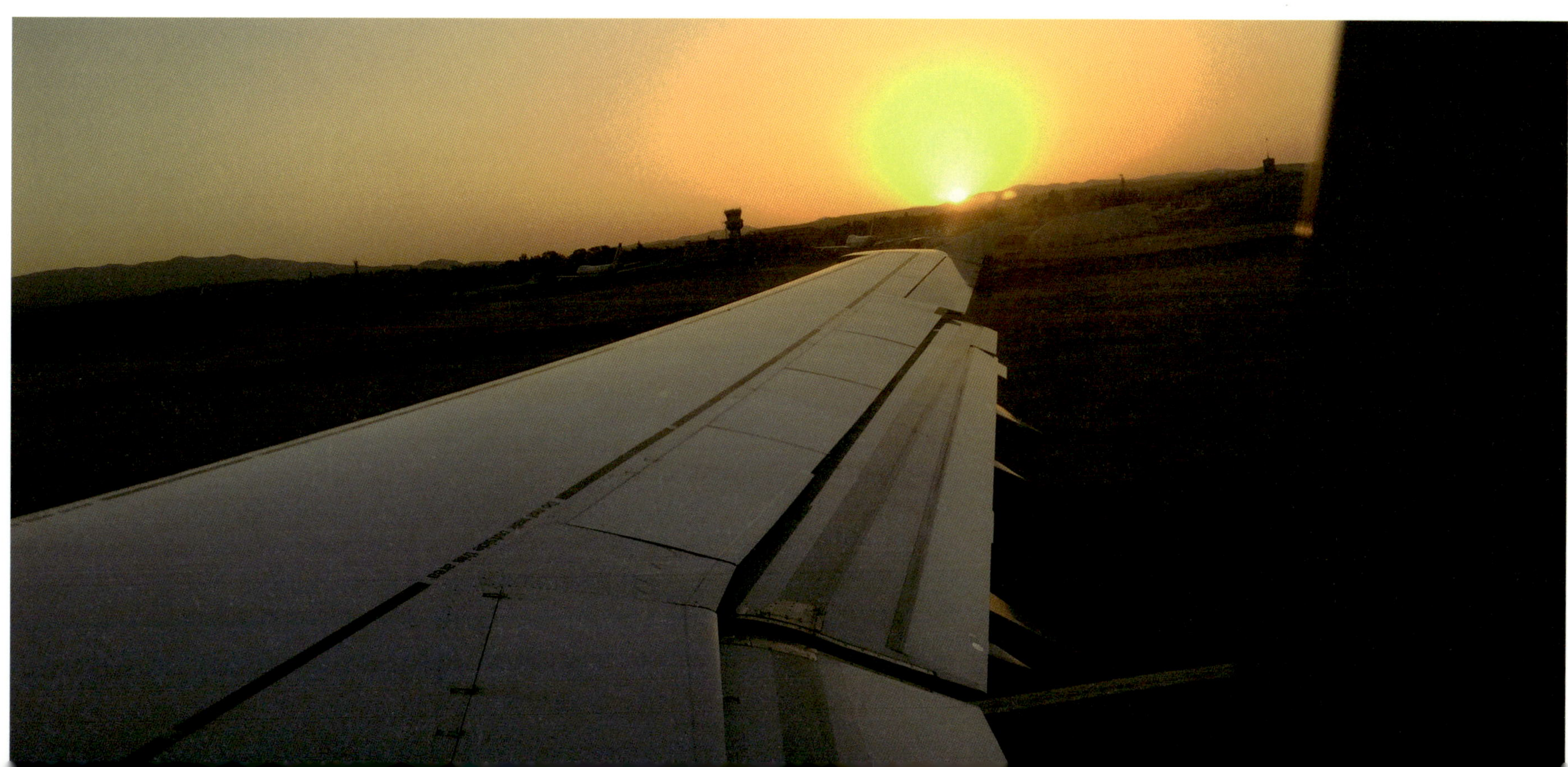

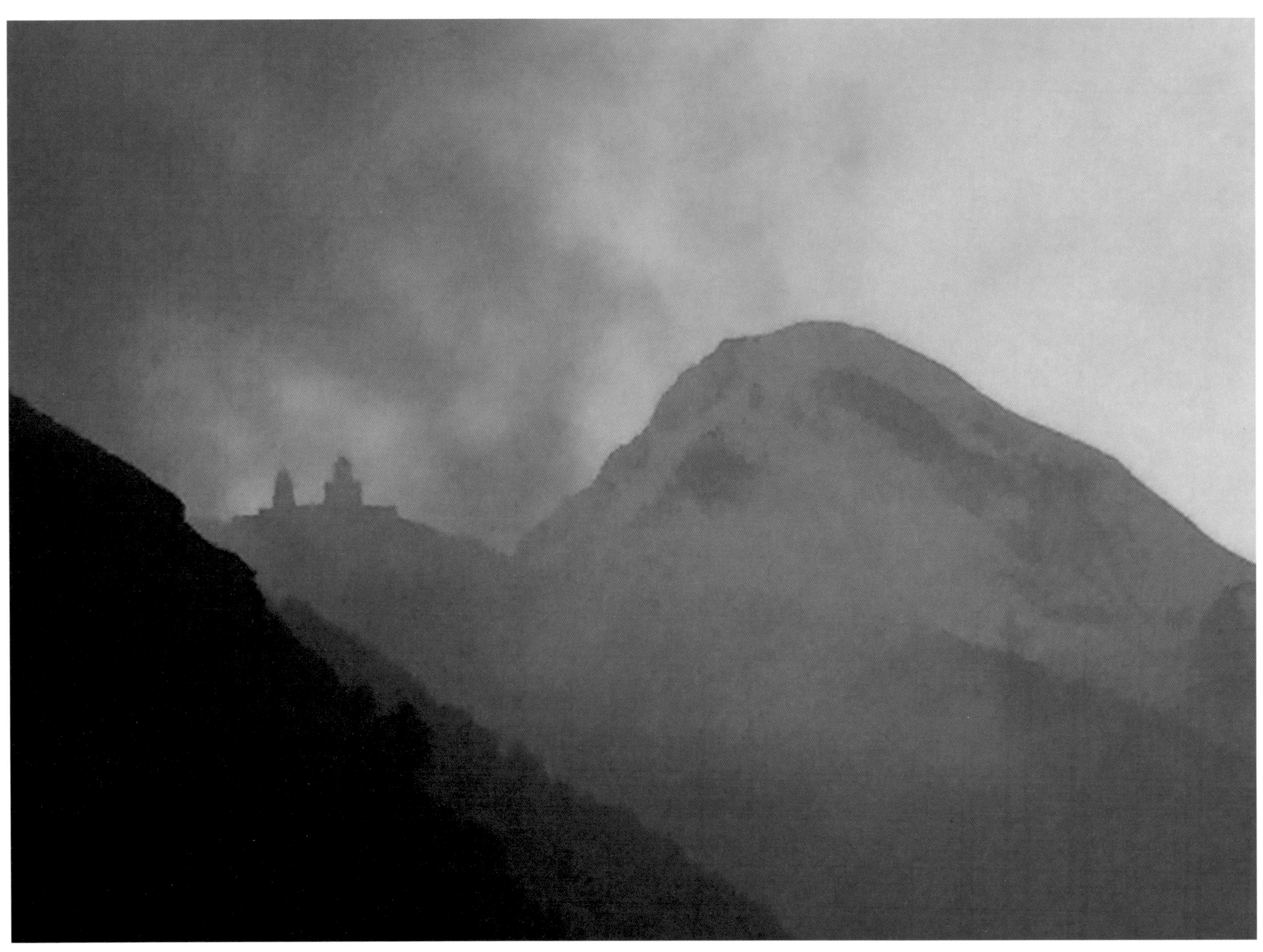

Dreifaltigkeitskirche von Gergeti im Nebel | Gergeti Trinity Church in Fog

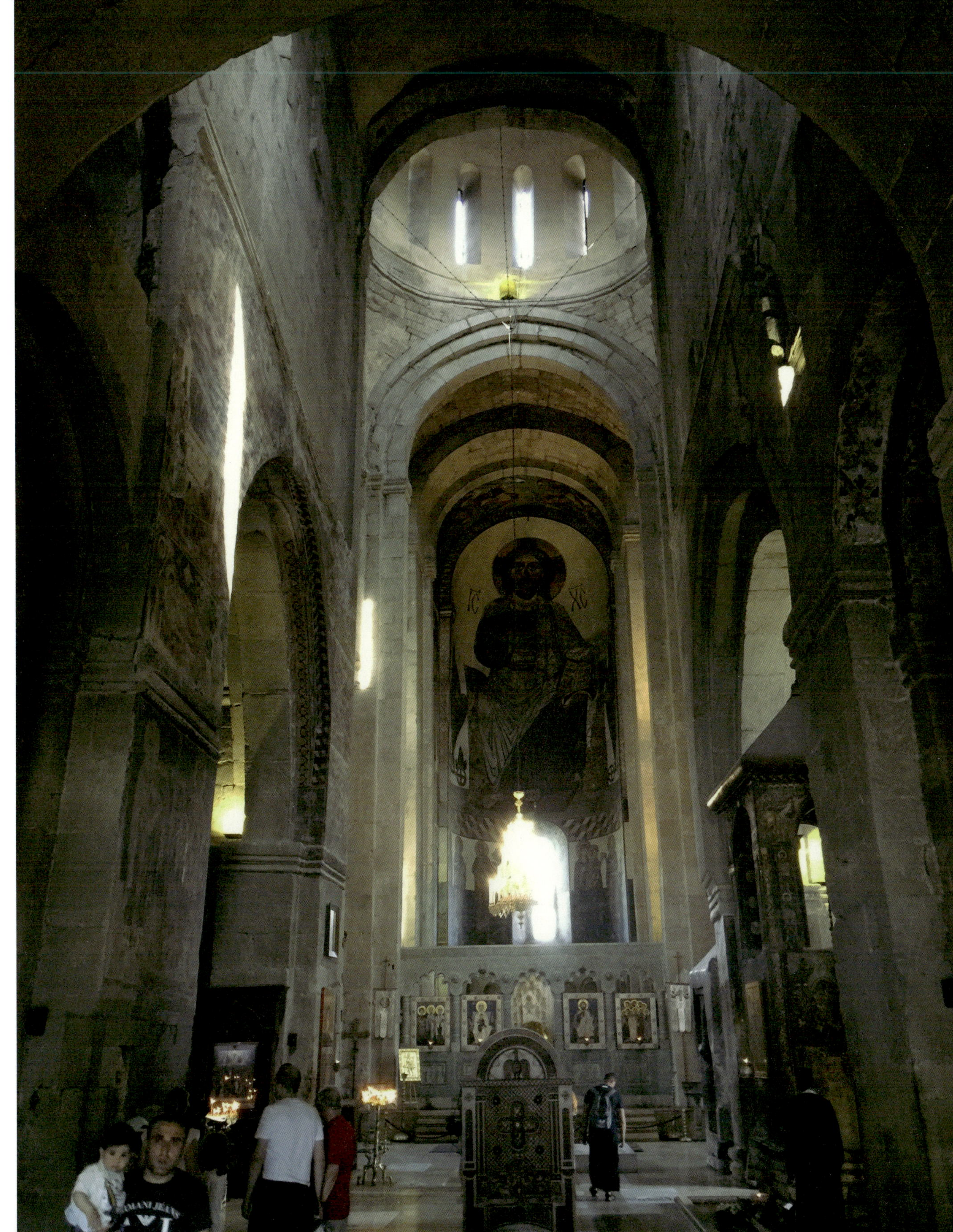

Kirchenschiff in der Swetizchoweli-Kirche
Nave of the Svetitskhoveli Church

beobachten.[6] Die Technik des Fingermalens mit Handschuhen, die Lehmpfuhl seit etwa 15 Jahren praktiziert, ist eine Zufallsentdeckung, die der Künstler machte, als er in einem seiner Gemälde Stellen ausbesserte, an denen sich die Farbe gelöst hatte oder die Pinselführung ihm zu rau erschien. Die sensorische Erfahrung dieses Moments wurde zu einer Offenbarung. Sie führte dazu, dass Lehmpfuhl ein völlig neues Verhältnis zu den grundierten Oberflächen seiner Leinwände gewann. Denn im Gegensatz zum Pinsel, der in verschiedenen Positionen gehalten und bei dem die Farbe kumulativ aufgetragen wird, ermöglicht das Malen mit Daumen und vier Fingern ein weitaus größeres Maß an intuitiver Geschicklichkeit und Wendigkeit. Auch hat der Künstler hier die Möglichkeit, sich beider Hände zu bedienen; in einigen Fällen hält der Gebrauch des Handrückens weitere künstlerische Optionen bereit. Lehmpfuhl stellt, indem er sich dieser Technik bedient, allerdings nicht nur den phylogenetischen Entwicklungsverlauf menschlicher Materialbeherrschung auf den Kopf (Finger und Hände waren in der Frühgeschichte bildender Kunst schließlich die wichtigsten Werkzeuge des Malers[7]), sondern auch die ontogenetische Entwicklung vom Kind zum Erwachsenen (das Malen mit den Fingern geht ja in der Regel der Verwendung von Werkzeugen wie Pinsel, Spachtel oder Streichmesser voraus). In dieser Hinsicht lässt Lehmpfuhls Verfahren an den Ausspruch Nietzsches denken, der Künstler bleibe zeitlebens ein Kind oder ein Jüngling, der die kindliche Spontaneität ins Leben des Erwachsenen hinüberrettet. Wenn wir vor diesem Hintergrund die unter allen möglichen (mitunter extremen) Witterungsbedingungen entstandenen *plein air*-Gemälde betrachten, lässt sich nicht nur die Wirkung ermessen, die er mit dieser Technik erzielt, sondern auch die verschiedenen Gefühlszustände des Künstlers in seiner Auseinandersetzung mit flüchtigen atmosphärischen Stimmungen und das Ringen um die Ausführung seiner Bilder. Unter rein ästhetischen Gesichtspunkten mag die Verwendung dieser Technik insofern paradox erscheinen, als sie das Vergängliche und den vorübergehenden Augenblick unter pastosen Farbschichten einzufangen strebt.

Lehmpfuhls Werke unterscheiden sich freilich schon durch ihr schweres Impasto deutlich von denen der Impressionisten und deren Suche nach

another painting. The sensory experience became so affective to Lehmpfuhl that it radicalised the artist's relationship to his pre-stretched primed canvas surfaces. For unlike the brush, a tool that must be held in the hand and adjusted to various positions in order to make different accumulative marks, the use of the thumb and four fingers of the hand generate a far greater sense of intuitive manipulative dexterity and material manoeuvrability. In fact two hands become potentially operable and the adopted drag of the back of the artist's hand serves as another extended option for creative use in some cases. It also reverses the conventional historical and human trajectory of material use related to paint application and representation, for the early prehistory of visual art expression commonly used fingers and hands as the primary tool in painting.[7] And it is equally true in general child to adult development, since there is a passage from childhood finger painting to later adopting tools such as brushes, spatula, or palette knives. In this respect Lehmpfuhl's approach adheres to Nietzsche's famous dictum that the creative artist hankers in childhood carrying forward its inherent spontaneity into adult life. If we apply this to the all weather *plein air* and sometimes extreme environmental conditions that Lehmpfuhl has often experienced, we begin to understand the powerful effects it has on both the materials he uses, and various emotive affects that flow through the artist as he battles fleeting atmospherics and realisable pictorial outcomes. In purely aesthetic terms it might appear paradoxical, since it enhances the procedures of capturing transience (adduced sense experiences), grasping at the ephemeral and insubstantial instance, while using a dense layered application of paint as the creative means of facture and saturation.

This said the works differ considerably from Impressionism by the very nature of the fact that they affirm the use of heavy impasto applications of paint over the seeking of an ephemeral effect. Stated this way they avoid the generally vaporous and semi-opaque atmospheric aspects common to much French Impressionist painting.[8] Yet at times there are clearly certain strong affinities with German Expressionism, but Lehmpfuhl's paintings in contradistinction tend to shy away from an over emphasis on emo-

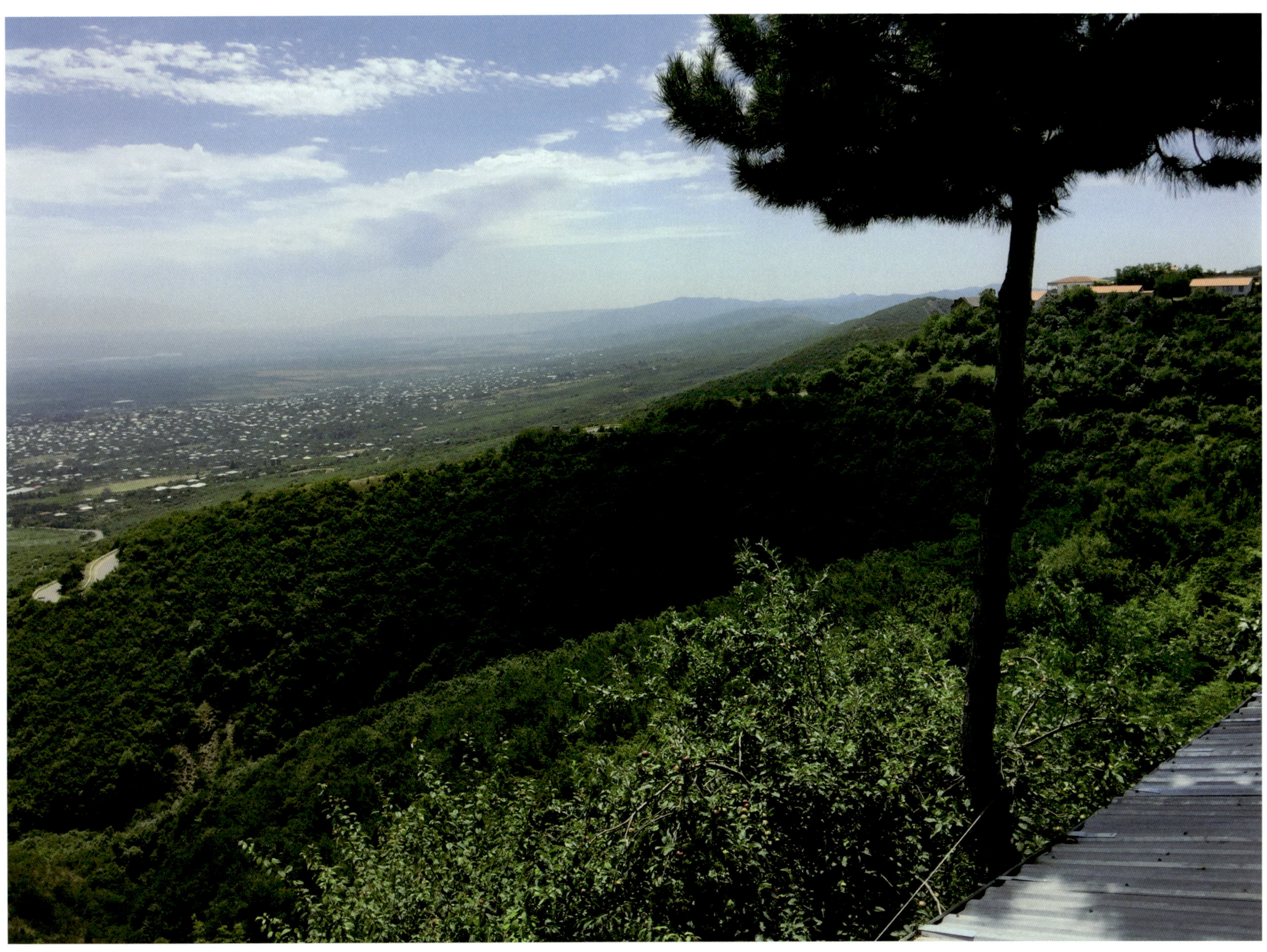

Blick in die Sighnaghi-Hochebene | View on the Sighnaghi Plateau

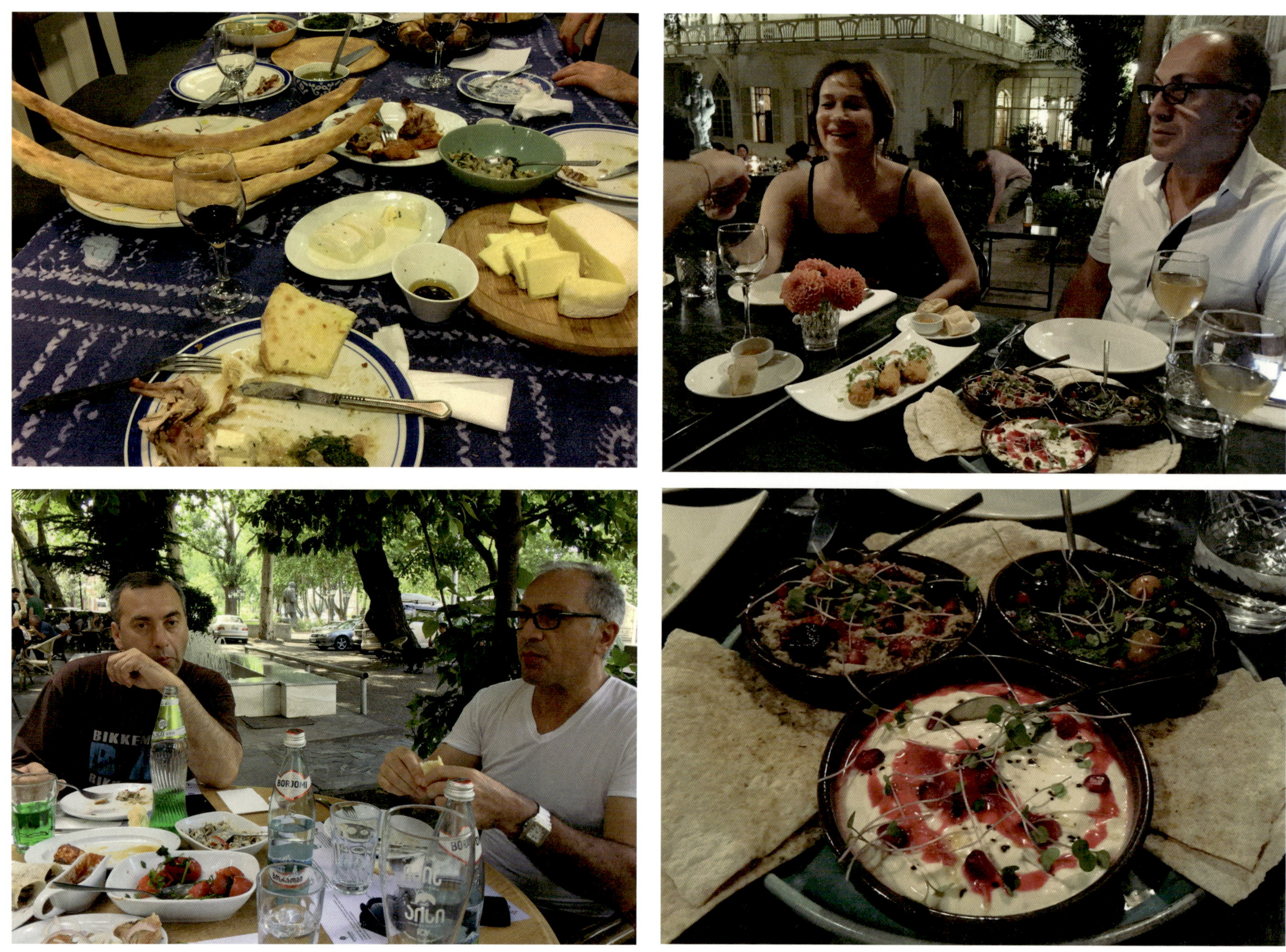

von links oben nach rechts unten from top left to bottom right: Georgisches Essen Georgian food | Tamara Kvesitadze und Mamuka Bliadze Tamara Kvesitadze and Mamuka Bliadze | Mittagessen mit Fahrer und Mamuka Bliadze (rechts) Lunch with the driver and Mamuka Bliadze (right) | Kulinarische Köstlichkeiten Culinary delights

den flüchtigen Wirkungen des Augenblicks. Die gleichsam in Dunst gehüllte und halb undurchdringliche Atmosphäre, wie man sie von vielen französischen Impressionisten kennt, wird man in Lehmpfuhls Bildern vergeblich suchen.[8] Die Nähe zu den deutschen Expressionisten hingegen ist bisweilen mit den Händen zu greifen, auch wenn Lehmpfuhl, anders als diese, in seinen Landschafts- und Städtebildern davor zurückscheut, das emotionale Erleben überzubetonen und über diesem die physische Wirklichkeit zu vernachlässigen. Von daher lassen sich die in Georgien entstandenen Landschafts- und Architekturgemälde, so sehr sie durch die Wahrnehmung des Künstlers gefiltert sind („Wenn ich ein Werk beginne, habe ich eine Erinnerung oder Idee, es gibt eine Art Skizze in meinem Kopf"), dennoch stets einem wiedererkennbaren Ort zuschreiben. Paradigmatisch wird das an dem bereits genannten Gemälde *Morgenlicht im Terek-Tal* sowie an *Vor dem Regen, Terek-Tal* und *Terek-Tal* (Abb. S. 44 und 45) deutlich, die drei unterschiedliche Ansichten des Terek-Tals im Großen Kaukasus im Norden Georgiens zeigen und die durch ihre ausdrucksstarke Faktur und die Hervorkehrung der materiellen Faktur bestechen. In *Morgenlicht im Terek-Tal* ziehen kugelförmig mit Fingern aufgetragene weiße Wolken über die Gebirgshöhe hinweg. Als wären sie selber Finger, nehmen diese Wolken die imaginäre Form eines plastisch gemalten Reliefs an. Die Komposition des Bildes, dem Verlauf des Terek-Flusses im Vordergrund folgend, gravitiert nach rechts; die Perspektive ist von einem traditionellen Repoussoir bestimmt: links und rechts ballen sich Massen, die den Blick des Betrachters in die Tiefe des Bildes hineinziehen.[9] Sommerliche Grüntöne, die ein beinahe pastorales Gefühl visueller Unmittelbarkeit erzeugen, stehen im Wechselspiel von Farbe und Licht. Es geht in dem Bild aber weniger um jahreszeitlich bedingte Kontraste, wie man sie in einer Winterszene erwarten würde, als um die Annehmlichkeit des Sommerlichts und kaum merkliche Stimmungswechsel des Künstlers. Insofern könnte man sagen, dass Lehmpfuhls Landschaftsgemälde in nachgerade kontradiktorischem Gegensatz zu einer denkbaren Dokumentarfotografie des Ortes stehen. Ein solches Foto würde zweifellos die schiere Höhe und Masse der Fünftausender-Berge betonen. Lehmpfuhls Bilder hingegen zeugen eher vom wehmütigen Eintauchen des Künstlers in die Szenerie –

tional experience at the expense of acknowledging the physical reality of the representations of a landscape or urban settings that are produced. Hence the Georgian landscapes and architectural subject paintings, while yet filtered through the focussed perception of the artist, "I have a memory or idea before I start, this is a sort of sketch in my head," still nonetheless are selected as recognisable landscape locations. For if we take examples like the aforementioned *Morgenlicht im Terek-Tal*, and *Vor dem Regen, Terek-Tal* (Before the Rain, Tergi Valley), and *Terek-Tal* (Tergi Valley) (ills. pp. 44 and 45), we are presented with distinct images of the Tergi Valley in the Greater Caucasus Mountains of Northern Georgia. It is their facture that is highly expressive and materially asserts itself. In *Morgenlicht im Terek-Tal* the globular loading of fingered white paint clouds race across the mountainous skyline, and in doing so take on the imaginative form of a sculptural paint relief as if they were fingers themselves. The composition's pictorial gravitation to the right follows the line of the Tergi River in the foreground and the viewpoint takes up the traditional *repoussoir*; that is to say it masses volumes to left and right thereby carrying the viewer's eye by implication into and through to the background space.[9] Colour and light have a particular interplay given the verdant aspects of summer execution, generating a sense of a pleasurable visual immediacy. The painting is therefore less about seasonal contrasts as might be with an executed winter scene, but rather it emphasises the pleasant efficaciousness of transient summer light and subtle shifts of the artist's emotional sensibility. In this respect it could be said that the landscape paintings are the absolute antithesis of a documentary photograph of the location. Such a photograph would no doubt emphasise the panoply of scale and volume of what are five thousand metre high mountains. But rather the image is one that reveals the artistic sense of wistful immersion, as if he has brought the landscape setting closer to himself and embraced it. The sense of haptic immersion and facture is even more pronounced in *Terek-Tal*, where the artist's wet-in-wet technique and direct *plein air* procedure is focused on a lower viewpoint of the river valley. In this case the river expresses a sense of passage, a winding *serpentinata* (serpent-like recession) of sorts, imaginatively translated from the figural to a landscape idiom, and given

als hätte er die Landschaft sich selbst näher gebracht und wollte sie umarmen. Noch ausgeprägter werden das haptische Eintauchen und die haptische Faktur in *Terek-Tal*, wo der Künstler die Techniken des Nass-in-Nass und *plein air* auf einen unteren Blickpunkt des Flusstals konzentriert. Hier drückt der Fluss ein Gefühl des Durchgangs aus: eine Art gewundene *serpentinata* (Schlangenlinie), die aus dem figuralen fantasievoll in ein Landschaftsidiom übersetzt ist und betont wird durch die mit Fingern gemalten schwarzen Flussufer. Die Frage nach der Verwendung von Ölfarbe und der materiellen Faktur ist nicht zuletzt an Wetter- und Umweltverhältnisse geknüpft und dem Künstler zufolge eng mit der jeweiligen Jahreszeit verbunden: „Es hängt davon ab, wie sich Farbtemperatur und Pigmente anfühlen. (...) Im Winter ist es, als malte man mit Eis; im Sommer aber wird die Farbe bis zu 40 °C heiß." Der Einsatz der Farben als Bewegung und Widerstand ist eng auf Atmosphäre und Umgebung abgestimmt. Die hoch expressive Körperlichkeit des Moments kann daher nicht überraschen: Ihre Wirkung verdankt sie ganz der Empfindung des Künstlers. In *Terek-Tal* sehen wir, wie die nass-in-nass aufgetragenen Ölfarben durch Fingerstrich ineinander verlaufen und verwischen: Das Gelb geht in einen Limettenton, dieser in Grün; Rot in Rotbraun oder Schwarz über. Umgekehrt wirken die Oberflächenrisse wie geschlungene oder gezogene Farbe, oder als hätten in ihren kurzen Streifen und Schlieren stechende Finger zu einer Sprache gefunden; auch horizontale, mit Fingerspitzen oder dem Handrücken gezogene Schmierspuren sind erkennbar. Obwohl man hierin die performative Sprache des Zeichen-Setzens zu erkennen meint, so sollte man darüber doch nicht die Spontaneität und Unmittelbarkeit des künstlerischen Verfahrens vergessen, dem sich diese Werke verdanken. Begegnet man dem Künstler inmitten der großen Eimer mit Ölfarbe, die er um sich schart, so kann man nicht verleugnen, mit welch genauem Blick er den Punkt anvisiert, an dem ihm die erste Wahrnehmung des Bildes zuteilwird: jenen Punkt, von dem jeder seiner Schaffensprozesse seinen Ausgang nimmt. Es wäre ein Irrtum, Lehmpfuhl für einen Aktionskünstler zu halten; das Performative seiner Werke wahrt stets die Nähe zu seinen Gegenständen. Die Bewegung vor der Leinwand wirkt mitunter wie ein Tanz – nur auf diese Weise vermag der Künstler den Wechselfällen des Wetters

greater emphasis by the artist through his fingered black-line curtailed riverbanks. The question of the use of colour oil paint and material facture is also dependent on environment conditions, and is, as the artist has said, closely linked to the times of year "given the feeling for colour temperature, pigments…in the winter it's like painting with ice cream, but in summer, the colour is very hot up to 40 degrees." The material use as flow and resistance is closely attuned to the atmosphere and environment, and realised not surprisingly in the heightened expressive physiology of the moment—the affect determines the resulting effect. In *Terek-Tal* we see the wet-in-wet oil colours bleed or wash as finger swipes into one another, yellow to lime colour, to green, red into red-browns or blacks. Conversely, the surface fissures appear as the language of stabbing finger marks of short striation, or as paint looped and dragged, horizontal smears of tipped fingers and the back of the hand can also be seen. While this obviously denotes the performative language of mark making, we should not forget the question of instantaneity and immediacy of the expressive process in this artist's paintings. But in sitting or standing among his large pails of oil paint, we should not ignore either, the evolving perspicacity that takes place as the artist reaches out to achieve the point of the first image perception whence he began. It is an error to think somehow, that Lehmpfuhl is an action painter as such, for the performative aspect of his work draws upon things that are determined by immediate environmental necessities. While the movement backwards and forwards to the canvas may take on the visual of a dance at times, they do so only for the purposes of the expressive need to capture the ever changing aspect of the weather and climate of the active moment. This becomes self-evident if you contrast the paintings *Morgenlicht im Terek-Tal*, and *Vor dem Regen, Terek-Tal*, which have a similar viewpoint leading to distinctly different pictorial outcomes. But this said the impasto-like process does at times border upon pure abstraction, and this is readily evident in smaller works like *Bachstudie* (Creek Study) and *Berge und Wolken* (Mountains and Clouds), where the layered wet-in-wet takes a swirling optical effect that plunges the viewer into its colour interactive visual flux (ills. pp. 49 and 48). The fluidity of materials might remind the viewer also of Lehmpfuhl's mastery of watercolour, where a surface and pigment relation-

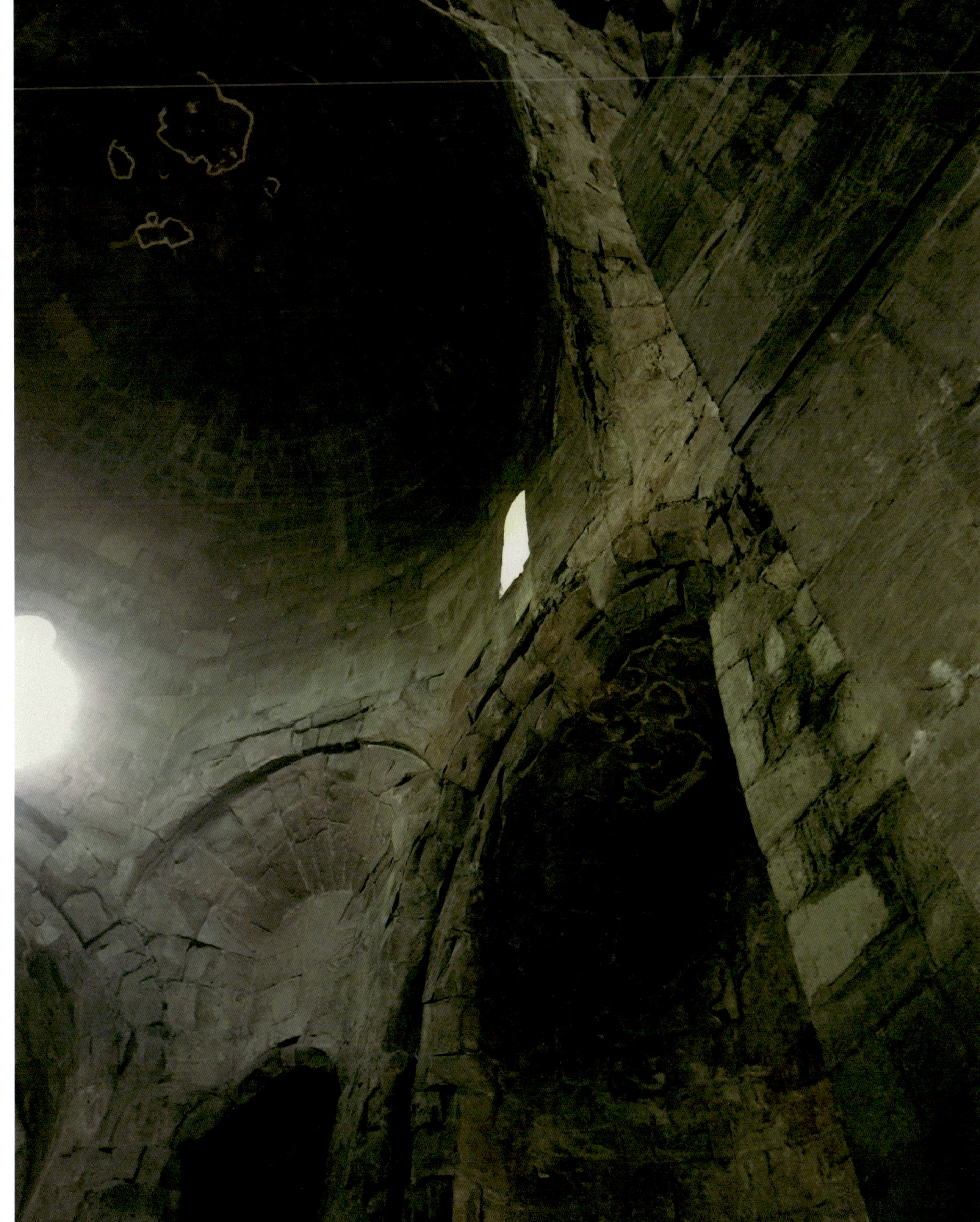

Kuppel des Klosters Dschwari
Dome of the Jvari Monastery

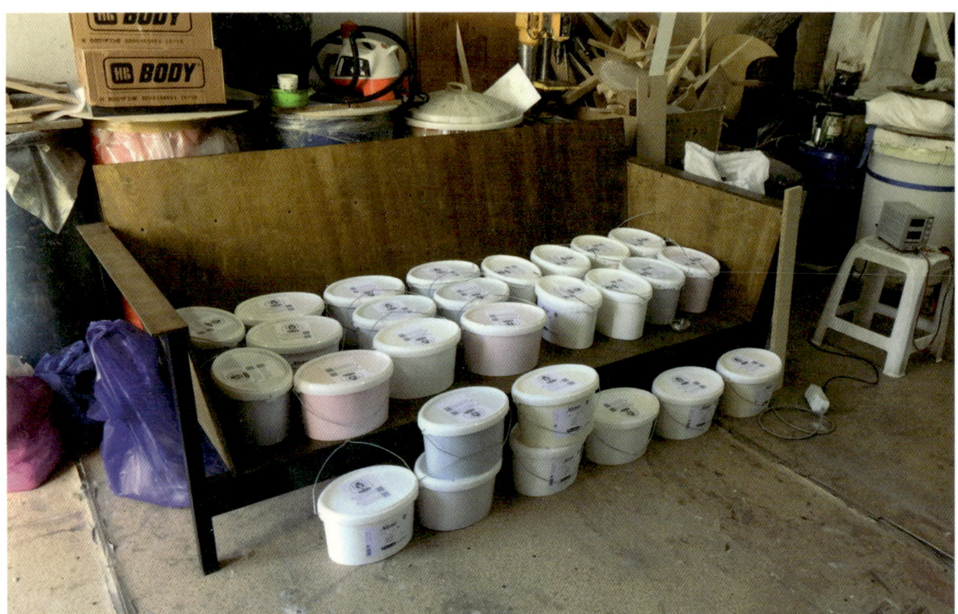
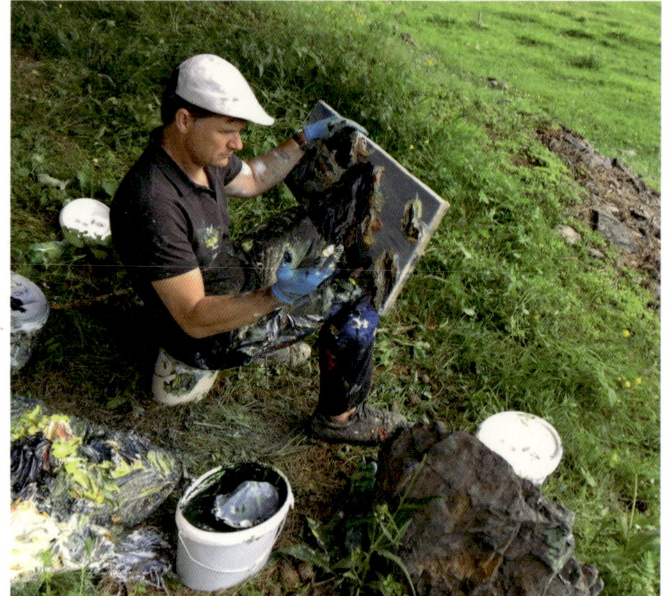
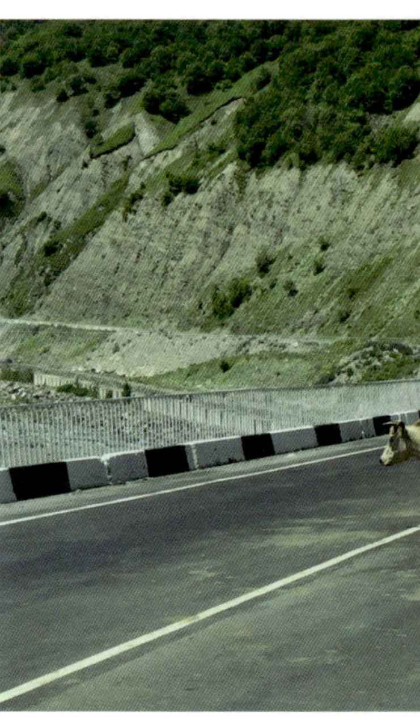

von links nach rechts from left to right: Farbeimer Paint Buckets | Christopher Lehmpfuhl in Kasbeki Christopher Lehmpfuhl in Kazbegi | Kühe auf der Straße Cows on the Street

und Klimas Ausdruck zu verleihen. Stellt man etwa die Bilder *Morgenlicht im Terek-Tal* und *Vor dem Regen, Terek-Tal* einander gegenüber, so wird gleich deutlich, dass sie zwar eine ähnliche Perspektive teilen, in ihrer Gestaltung aber völlig verschieden sind. Das Impasto-ähnliche Verfahren indessen streift bisweilen die Grenze zur reinen Abstraktion, was vor allem in kleineren Arbeiten wie *Bachstudie* und *Berge und Wolken* deutlich wird (Abb. S. 49 und 48), wo das geschichtete Nass-in-Nass den optischen Effekt eines Wirbels hat, der den Betrachter in seinen interaktiven Farbfluss hineinzuziehen scheint. Die Fluidität des Stoffs erinnert nicht zuletzt an Lehmpfuhls meisterhafte Aquarelle, in denen Oberfläche und Pigmente in ein Verhältnis zueinander treten, in dem unmittelbarer Ausdruck und ästhetische Erfahrung Substanz werden.[10]

An zweien der drei Orte, an denen Lehmpfuhl auf seiner Reise nach Georgien Station machte, entstanden Landschaftsgemälde; zu deren wichtigsten Motiven gehört der schlafende Schichtvulkan Kasbek, der höchste Gipfel im Nordosten Georgiens, westlich der Stadt Stepanzminda gelegen. Ein wütend ausdrucksvolles Fingergemälde mit dem Titel *Abendglühen am Kasbek* (Abb. S. 40) könnte eine intuitive Anspielung auf die Zeit

ship of water and flow, are the substance of immediate expression and aesthetic experience.[10]

Two of the three regional locations of Lehmpfuhl's trip to Georgia were devoted to landscape subject matter, focussing on places like the dormant strato-volcano Mount Kazbeg (Mt. Kazbek) just west of Stepanzminda, the highest peak of North Eastern Georgia. A furiously expressive finger painting called *Abendglühen am Kasbek* (Evening Glow at Kazbeg, ill. p. 40) may just be an intuitive allusion to its former volatile history.[11] In *Landschaft bei Mzcheta* (Landscape near Mtskheta, ill. p. 53) the artist mastered a more benign valley environment near the city of Mtskheta, twenty kilometres north of Tbilisi, one of the oldest cities of Georgia. In this instance the view is elevated and looking down and through what is the famed confluence of the Aragvi and Kura rivers.[12] At the same time there are a series of visually glowing yellow through green summer finger landscape paintings from Sighnaghi (Signagi) in the Eastern wine growing region. However, the greater preponderance of a single location in the Georgia trip is devoted to a series of paintings of the urban locations and the churches of Sighnaghi and Tbilisi. The Georgian Orthodox churches historically derive much of

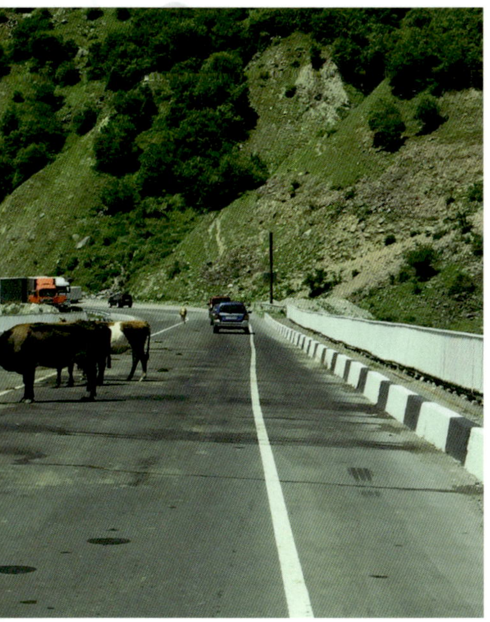
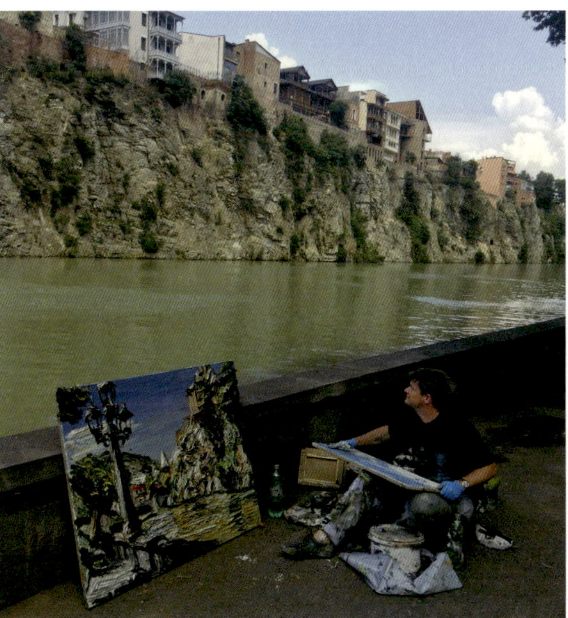
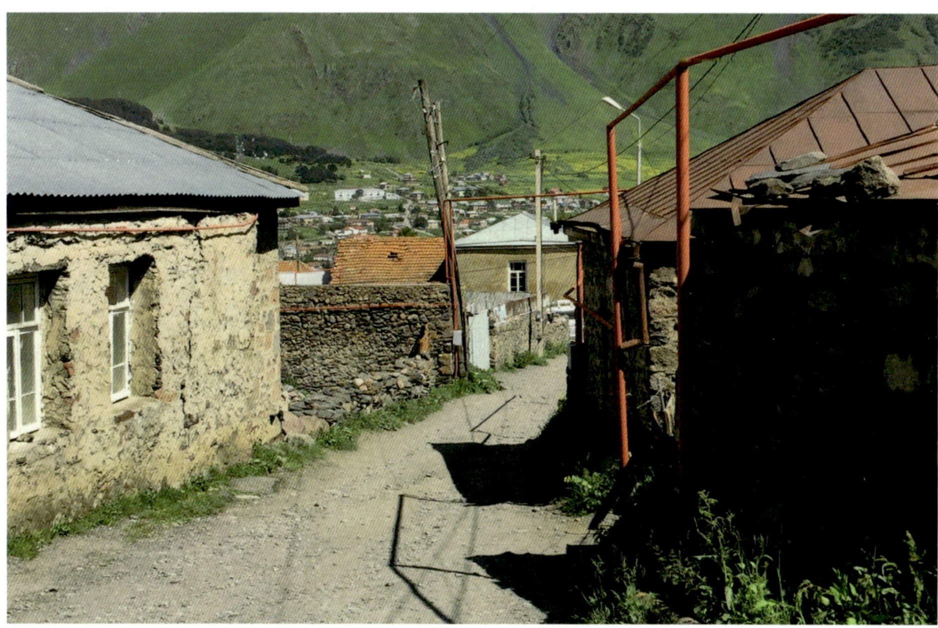

Malen in der Altstadt von Tiflis Painting in the Old Town of Tbilisi | Dorfstraße im Kaukasus Village Street in the Caucasus

sein, als der Vulkan noch aktiv war.[11] In *Landschaft bei Mzcheta* hat der Künstler die freundlichere Umgebung eines Tals in der Nähe von Mzcheta, einer der ältesten Städte Georgiens 20 Kilometer nördlich von Tiflis, eingefangen (Abb. S. 53). Das Bild blickt von hoher Warte auf den berühmten Zusammenfluss der Flüsse Aragwi und Kura.[12] Neben diesen beiden Bildern sind eine Reihe leuchtend gelber bis grüner fingergemalter Sommerlandschaften der in den Weinbaugebieten im Osten Georgiens gelegenen Stadt Sighnaghi entstanden. Der Schwerpunkt von Lehmpfuhls Georgien-Bildern liegt freilich auf den Stadtlandschaften und Kirchen von Sighnaghi und Tiflis. Kunsthistorisch leitet sich die Formensprache der georgisch-orthodoxen Kirchenbauten im Wesentlichen aus der armenischen Kirchenarchitektur, einem der frühesten christlichen Baustile, her.[13] Als älteste christliche Kirche – Armenien bekehrte sich 301 zum Christentum, Georgien kurze Zeit später, im Jahr 319 – brachte die armenische Kirche den ersten eigenständigen Kirchenbaustil überhaupt hervor.[14] Die Anlage der Kirchen folgt im Allgemeinen dem griechischen Kreuz, das den Grundriss und die Typologie für die architektonische Gestaltung fast sämtlicher Kirchenbauten des orthodoxen Christentums vorgab. Lehmpfuhl ist allerdings weniger an konkreten kunstgeschichtlichen oder architektonischen

their formal language from, and share an affinity with, Armenian Church architecture, one of the earliest of Christian building styles.[13] In fact it was the first autonomous Church building style, since Armenia embraced Christianity in AD 301, and Georgia shortly thereafter (AD 319).[14] The buildings generally follow the centrally planned Greek Cross form, a ground plan and typology that became the standard architectural layout of Church building by Orthodox Christianity. This said Lehmpfuhl was less interested in the specific historical or architectural aspects, as by the perception of the buildings seen under the transient aspects of summer lighting at different times of day "I have to work out the light, it's like a theatrical element to focus on the topic." This working through light is evident in *Swetizchoweli-Kirche im Abendlicht* (Svetitskhoveli Church in Evening Light), and *Kloster Dschwari im Morgenlicht* (Jvari Monastery in Morning Light) but in these paintings (ills. pp. 55 and 57), unlike the flowing and dexterous liquidity of his sensory landscapes, the artist was necessarily compelled to acknowledge and materially express architectural structure. In this situation the artist has stressed the sky and landscape effects through sweeping horizontal hand and finger mark expressions, and as this suggests movement, thereby evoking a sense of diurnal temporal passage. Conversely, also

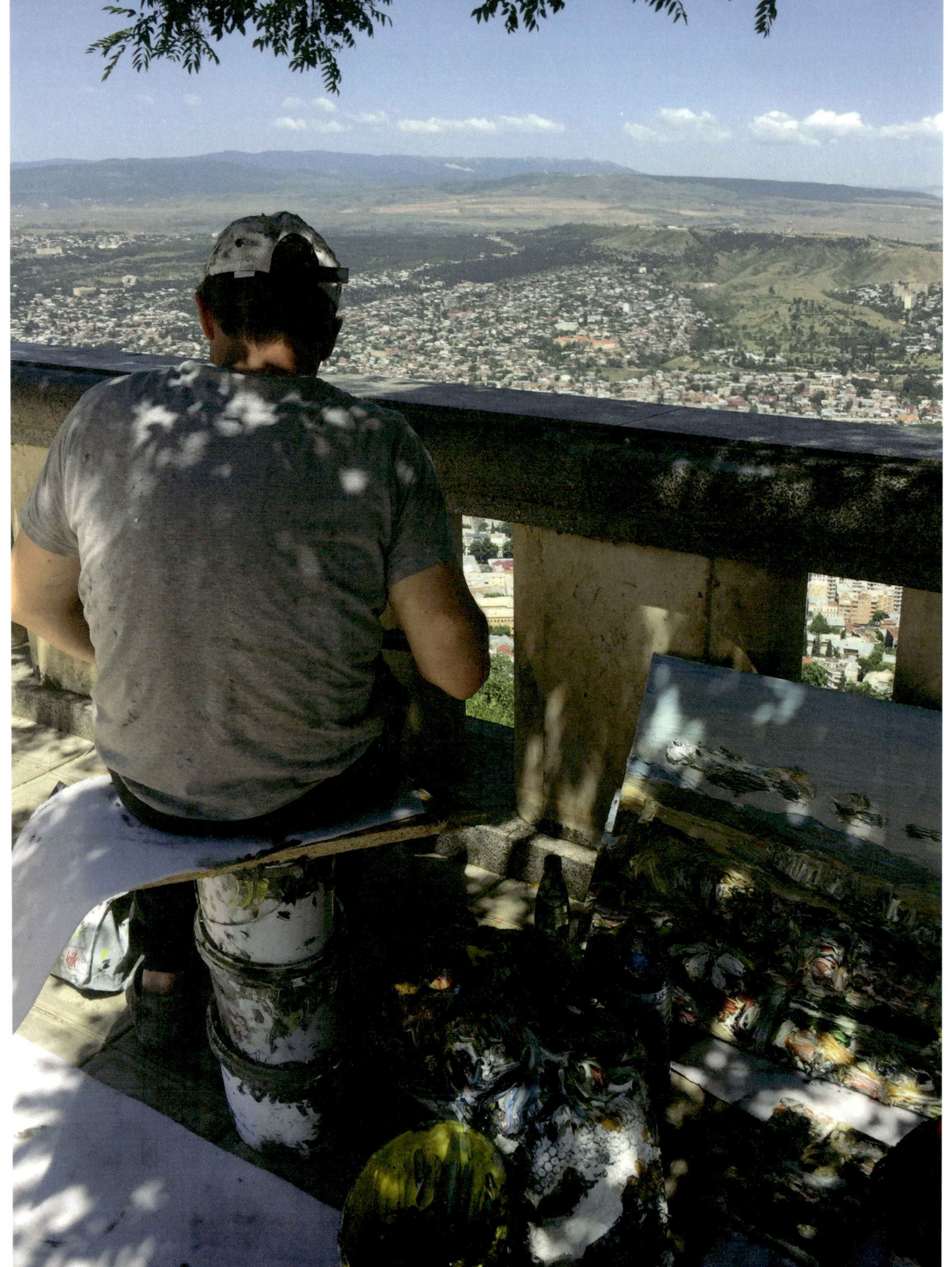

Christopher Lehmpfuhl
beim Malen in Tiflis
Christopher Lehmpfuhl
Painting in Tibilisi

Details interessiert als daran, wie sich die Kirchenbauten ihm zu verschiedenen Tageszeiten im Sommerlicht zeigen: „Es geht mir darum, das Licht herauszuarbeiten; es ist gewissermaßen das theatralische Moment, das Thema, auf das ich mich konzentriere.“ Besonders deutlich kommt dieses Herausarbeiten des Lichts an den Bildern *Swetizchoweli-Kirche im Abendlicht* und *Kloster Dschwari im Morgenlicht* zum Ausdruck (Abb. S. 55 und 57). Im Gegensatz zum kunstvoll sich Verströmenden seiner sinnlichen Landschaftsbilder war der Künstler hier gezwungen, die architektonische Struktur der Motive anzuerkennen und im Stoff darzustellen. Er ist dieser Herausforderung begegnet, indem er die Wirkung von Himmel und Landschaft durch kräftige horizontale Hand- und Fingerspuren, die den Wechsel der Tageszeiten evozieren, hervorgehoben hat. Umgekehrt liegt die Betonung in *Swetizchoweli-Kirche im Abendlicht* und *Abendstimmung an der Swetizchoweli-Kirche* (Abb. S. 54) gleichermaßen auf vertikalen Fingerstrichen, mit denen Lehmpfuhl die architektonische Struktur herausarbeitet – in Verbindung mit kürzeren horizontalen Strichen, die die Elemente der Fassadenoberfläche einbinden. In den größeren Bildern wie *Kloster Dschwari im Gewitterlicht* und *Spiegelung am Kura, Tiflis* (Abb. S. 52 und 73), wo die Straßenlaterne den Betrachter einlädt, der Strömung des Flusses (und dem Sog des Bildes) zu folgen, überwiegt die kompositorische Konzentration auf Links-Rechts-Diagonalen oder die Verwendung des Repoussoir.[15] Bei kleineren Formaten wie *Altstadt auf dem Berg* oder *Alte Kirche, Tiflis* neigt der Künstler zu frontalen Kompositionen (Abb. S. 68/69 und 71), in denen er verschiedene rechteckige oder Predella-Formate und gelegentlich auch schmale vertikale Formate, wie in *Dreifaltigkeitskathedrale Tiflis* und *Fernsehturm, Tiflis*, verwendet (Abb. S. 76 und 80). Im Blick auf das Motiv des Bildes ist die Verwendung des traditionell in religiösen Kontexten gebrauchten Predella-Formats denn auch durchaus angemessen. Fast scheint es, als habe Lehmpfuhl in der intensiven Auseinandersetzung mit den Orten, die er in den vergangenen zwanzig Jahren besucht hat, etwas wie lebendige Altarbilder der Natur geschaffen. Das Perzept (mentale Bild) und das visuelle Urteilsvermögen befähigen ihn zu einer perspektivischen Verkürzung und Vergrößerung der unmittelbaren räumlichen Gegenwart und rücken seine Werke in visueller und materieller

evident in *Swetizchoweli-Kirche im Abendlicht* and *Abendstimmung an der Swetizchoweli-Kirche* (Evening at Svetitskhoveli Church, ill. p. 54), the emphasis is equally placed on vertical finger strokes that generate the architectural structure with smaller interwoven horizontal strokes binding in the surface facade elements. In the larger paintings there tends to be a compositional focus on the diagonal left to right, or again the use of *repoussoir* as in the paintings *Kloster Dschwari im Gewitterlicht* (Jvari Monastery in Storm Light) and *Spiegelung am Kura, Tiflis* (Reflection on the Kura, Tbilisi), where the streetlamp invites the viewer to travel into and through the avenue of the picture following the flow of the river (ills. pp. 52 and 73).[15] Whereas in the smaller canvases the artist tends to produce frontal compositions, as in paintings *Altstadt auf dem Berg* (Old City on the Mountain) *Alte Kirche, Tiflis* (Old Church, Tbilisi) (ills. pp. 68/69 and 71), and these tie into his quite varied use of rectangular, predella formats, and occasional narrow vertical canvases like *Dreifaltigkeitskathedrale Tiflis* (Trinity Cathedral, Tbilisi) and *Fernsehturm, Tiflis* (Television Tower, Tbilisi) (ills. pp. 76 and 80). Given the subject matter and the accumulative motifs, a reference to the use of the historically religious predella format may be not inappropriate. The intense investigations of the locations that Lehmpfuhl has visited over the last twenty years, does appear to create nature's living altarpieces of temporal record. The artist's intimate percept (mental sketch) of visual judgment has the creative effect of foreshortening and magnifying the immediate presence of space, and in this respect bring his works into a close visual-material association with the facture-based, and so-called School of London artists, Frank Auerbach (b. 1931) and Leon Kossoff (b. 1926). For these two older master artists share something of the same approach to materials, they use an allusive and compressed sense of space, and bear close associative scrutiny to the paintings of Christopher Lehmpfuhl.[16]

In the photographs of the artist at work that accompanies this present publication, we have a sense of the visual use of foreshortened compression and immersion already alluded to (and previously discussed) at first hand. They bear witness to the renewed, better to say revivified, innova-

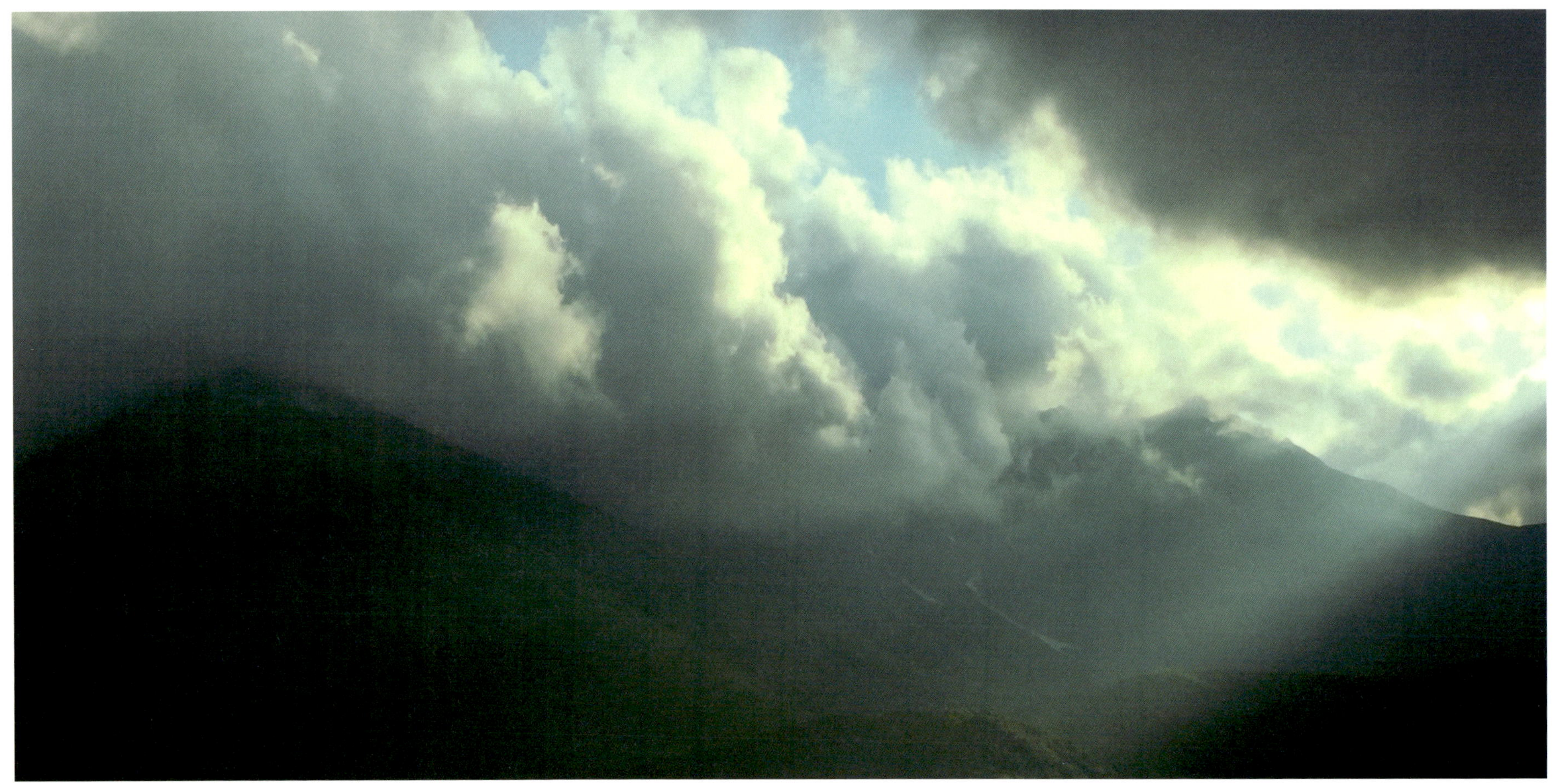

Lichtstrahl im Kaukasus Beam of Light in the Caucasus

Hinsicht in die Nähe von Künstlern der sogenannten Londoner Schule wie Frank Auerbach (geb. 1931) und Leon Kossoff (geb. 1926). Lehmpfuhls Umgang mit dem Material ähnelt demjenigen dieser beiden Maler, für deren Werke ebenfalls ein komprimiertes Raumgefühl voller Anspielungen charakteristisch ist.[16]

Die Fotografien in diesem Buch, die Lehmpfuhl bei der Arbeit zeigen, vermitteln ein Gefühl für die bereits erwähnte Technik perspektivischer Verdichtung und Verkürzung. Sie machen aber auch deutlich, auf welch innovative und bemerkenswerte Weise Lehmpfuhl in den vergangenen

tions in the *plein air* technique that the artist has remarkably accomplished over the last decades. Moreover his practice represents something like an optimistic and positive reawakening of engagement *au motif*, an opening out and a return to the intuitive and the sensory at the expense of so much conceptual studio-based painting that has increasingly become a repetitive self-quotation of itself. The accomplishment so far is remarkable and it remains to be seen how Christopher Lehmpfuhl's process-based *plein air* practices can be further extended. One is minded to finish whence we began with haptic presence and the body, the site and source of this artist's breathing and painting experience. It was

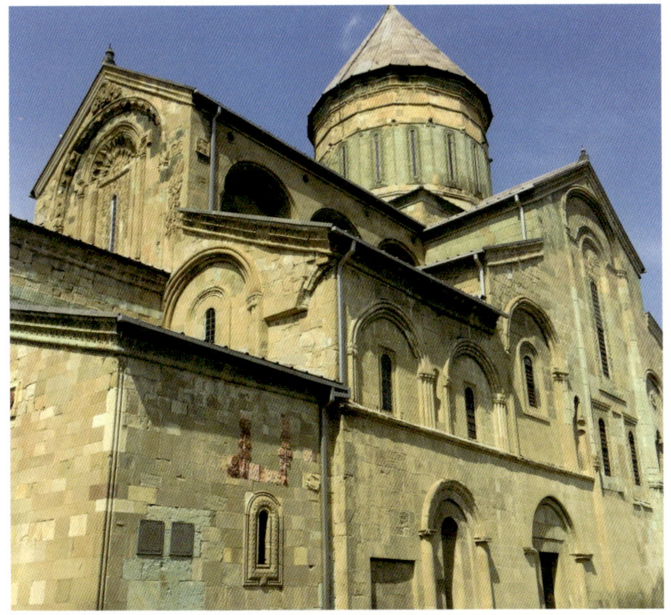

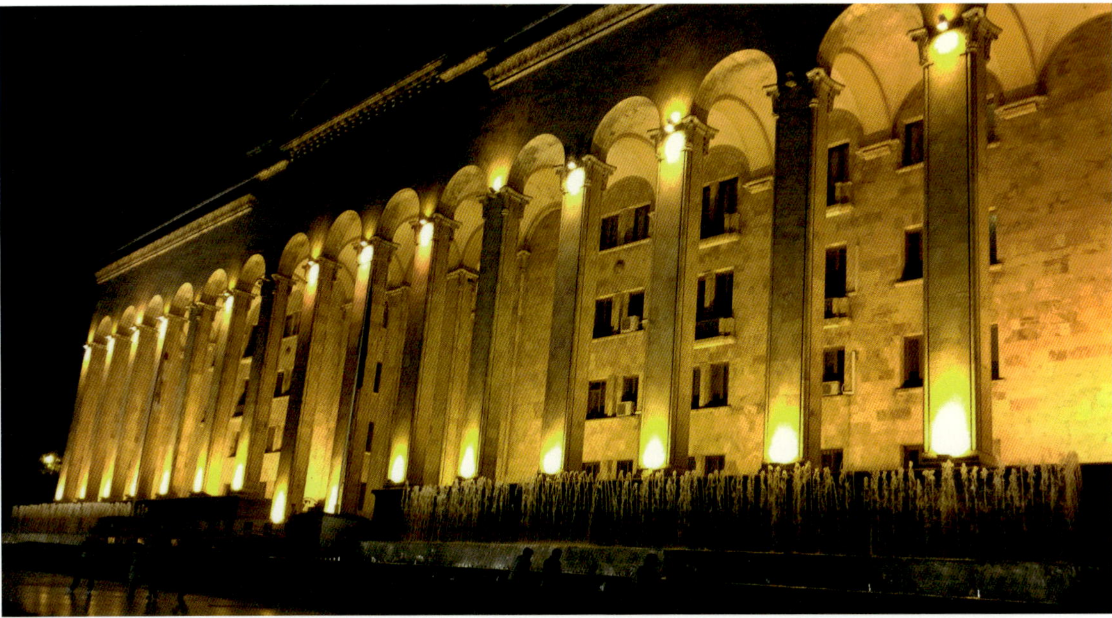

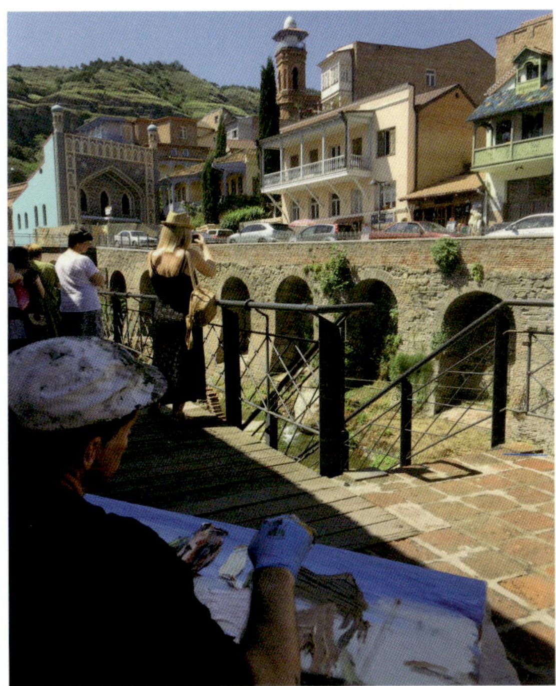

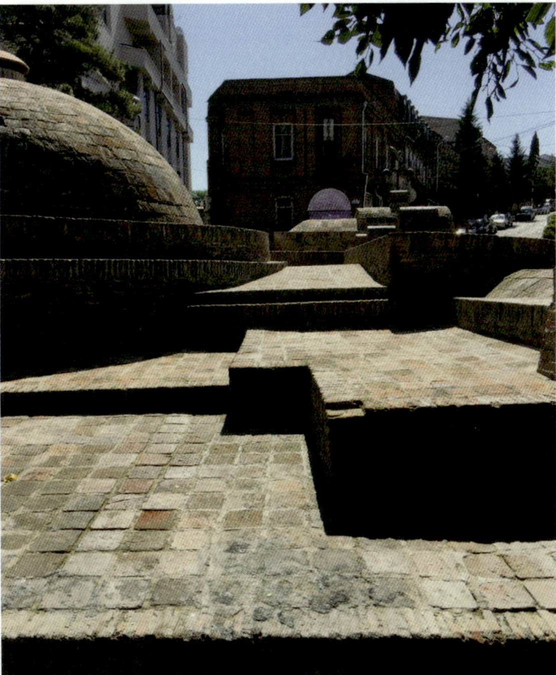

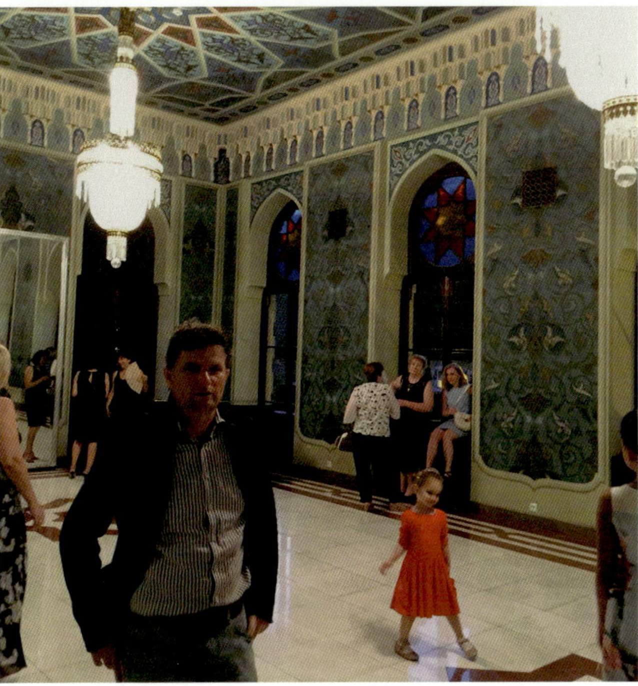

von links oben nach rechts unten from top left to bottom right: Swetizchoweli-Kirche Svetitskhoveli Church | Parlamentsgebäude, Tiflis Parliament Building, Tbilisi | Christopher Lehmpfuhl in der Altstadt von Tiflis Christopher Lehmpfuhl in the Old Town of Tbilisi | Alte Bäder, Tiflis Old Baths of Tbilisi | In der Oper In the Opera

Jahrzehnten die *plein air*-Malerei wiederbelebt hat. Auch deutet sich in Lehmpfuhls Praxis eine Art neue Verpflichtung auf den Gegenstand an: eine Öffnung und Rückkehr zum Intuitiven und Sinnlichen und die Abwendung von einer konzeptuellen Ateliermalerei, die sich nurmehr in sich wiederholenden Selbstzitaten erschöpft. Das bisherige Werk Christopher Lehmpfuhls stellt eine herausragende Leistung dar, und man darf gespannt sein, welche Entwicklung seine *plein air*-Malerei in den nächsten Jahren nehmen wird. Enden wir, wo wir begonnen haben, nämlich bei der haptischen Präsenz und Leiblichkeit als dem Ort und der Quelle, aus denen dieser Künstler seine Atem- und Malerfahrungen bezieht. In Anlehnung an einen Aphorismus von Paul Valéry hat der französische Philosoph Maurice Merleau-Ponty einmal Folgendes bemerkt:
„Der Maler ‚bringt seinen Körper mit'. Und in der Tat kann man sich nicht vorstellen, wie ein reiner *Geist* malen könnte. Indem der Maler der Welt seinen Körper leiht, verwandelt er die Welt in Malerei. Um jene Verwandlungen zu verstehen, muß man den wirkenden und gegenwärtigen Körper wiederfinden, ihn, der nicht ein Stück Raum, ein Bündel von Funktionen ist, sondern ein Wahrnehmung und Bewegung Verbindendes."[17]
Eine bessere Beschreibung dürfte sich für das schöpferische Leben des Künstlers Christopher Lehmpfuhl, für die vitale Kraft seines Atmens und Malens, schwerlich finden.

Übersetzung: Christoph Nöthlings

Merleau-Ponty who further observed, using a short aphoristic quote taken from Paul Valery, the following:
"The painter 'takes his body with him' ... Indeed we cannot imagine how a *mind* could paint. It is by lending his body to the world that the artist changes the world into paintings. To understand these transubstantiations we must go back to the working actual body—not the body as a chunk of space or a bundle of functions but the body which is the intertwining of vision and movement."[17]
For the artist Christopher Lehmpfuhl there can be no better description of his creative daily life, one that is lived through the vital force of breathing and painting.

Im Text zitierte Aussagen des Künstlers stammen aus einem Gespräch, das er dem Autor am 13. Februar 2018 in seinem Berliner Atelier gewährte.

1 Die *plein air*-Malerei hat zwar Vorläufer in John Constable (1776–1837) und verschiedenen anderen Malern, geht im engeren Sinn aber auf die sogenannte Schule von Barbizon zurück, die das *plein air* als Malen unter freiem Himmel etablierte, wobei die Bilder allerdings oft erst im Atelier vollendet wurden. Zu den Künstlern dieser Schule gehörten neben den in Barbizon lebenden Malern Théodore Rousseau, Jean-François Millet, Narcisso Virgilio Díaz de la Peña auch Jean-Baptiste-Camille Corot und Charles-François Daubigny, die das Dorf regelmäßig besuchten. Sie alle revolutionierten zwischen 1830 und 1878 Landschafts- und bäuerliche Genremalerei, indem sie dem *plein air*-Malen einen neuen Status verliehen und der Natur neue Bedeutungs- und Sinnebenen gaben. Vgl. Steven Adams: *The Barbizon School & the Origins of Impressionism*, London: Phaidon, 1994.

Statements quoted in the text are taken from a conversation between the current author and the artist at his Berlin studio on 13th February 2018.

1 Though there were earlier precedents in John Constable (1776–1837) and several others, it was "The Barbizon School" who established *plein air* painting as an immediate outdoor procedure—though the paintings were often finished later in the studio. The artists were Théodore Rousseau; Jean-François Millet; Narcisso Virgilio Díaz de la Peña, who lived in Barbizon; and Jean-Baptiste-Camille Corot and Charles-François Daubigny, who visited the village periodically. They constitute the "Barbizon School," who revolutionized landscape and peasant genre painting between 1830 and 1878, emphasizing the importance of *plein air* work and investing nature with new meaning and resonances. See Steven Adams, *The Barbizon School & the Origins of Impressionism*, London, Phaidon, 1994.

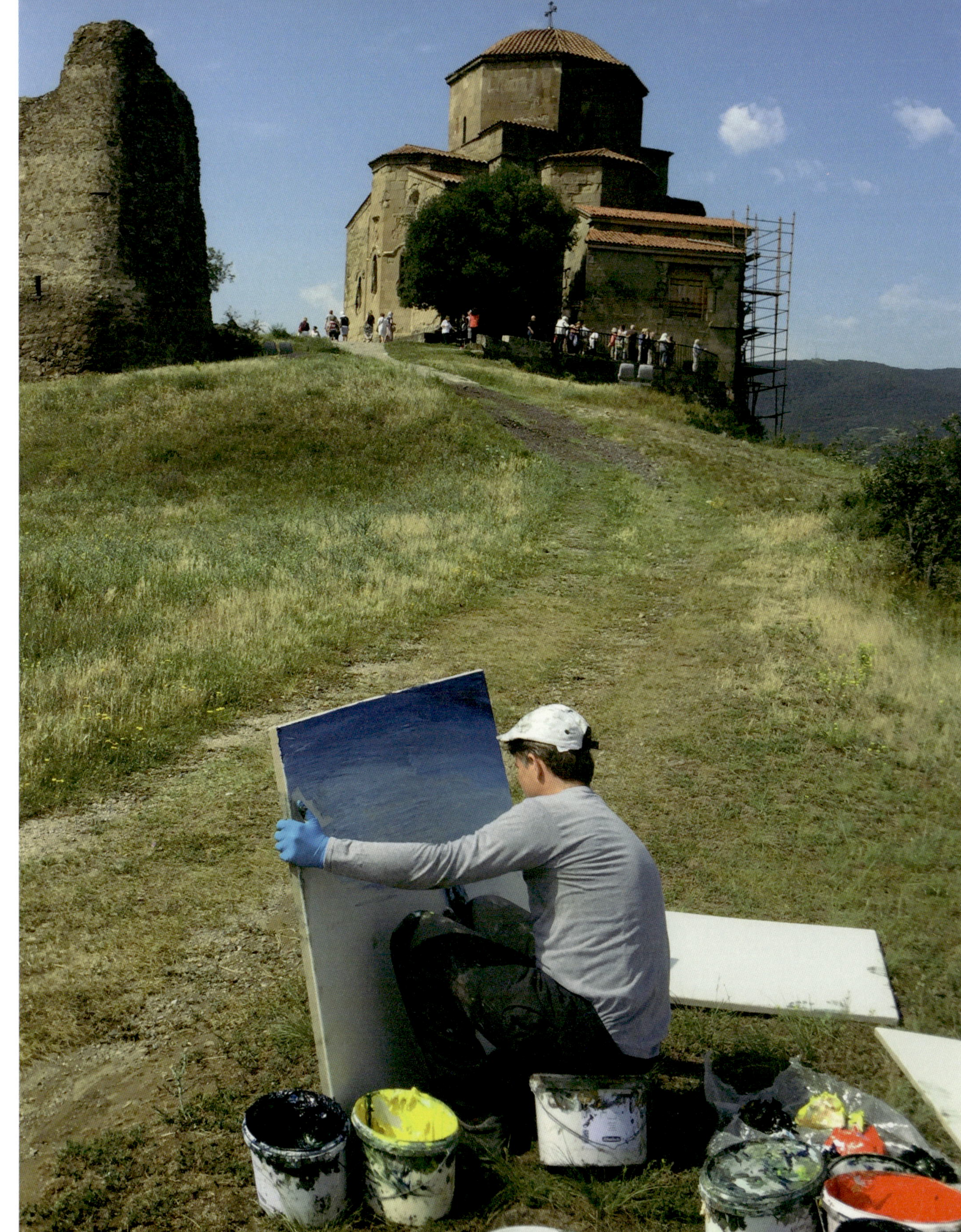

Christopher Lehmpfuhl
vor dem Kloster Dschwari
Christopher Lehmpfuhl
in front of the Jvari Monastery

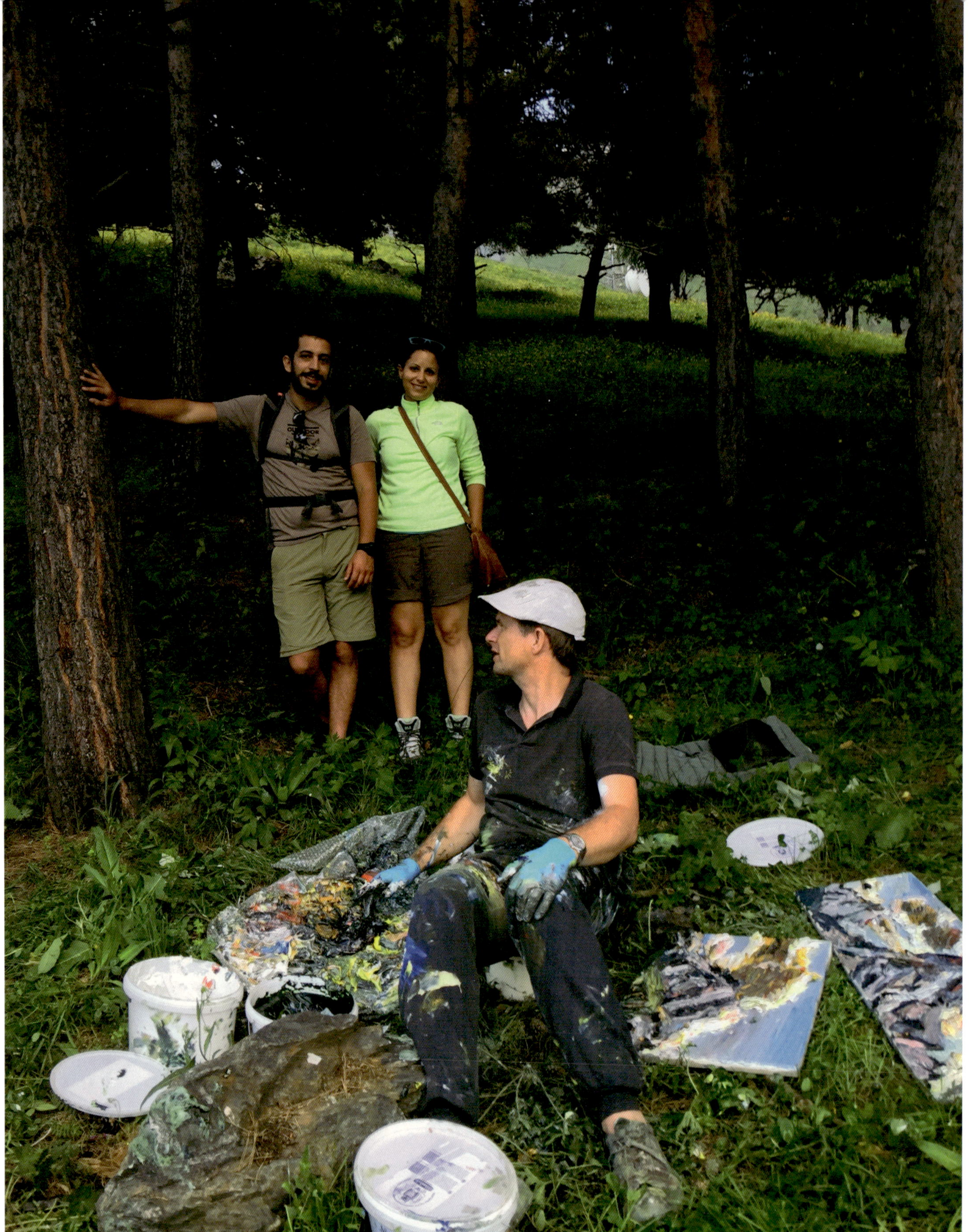

Zuschauer
Audience

2 Die uneingeschränkte Ausführbarkeit verdankt die *plein air*-Malerei der Erfindung der Farbtube durch den amerikanischen Maler John Goffe Rand (1801–1873). Die 1841 patentierte Farbtube ersetzte die unzuverlässigen Schweinsblasen und Spritzen und schuf die Voraussetzung für den späteren *plein air*-Impressionismus, vgl. Anthea Callen: *Techniques of the Impressionists*, London: Tiger Books, 1988; sowie dies.: *The Work of Art: Plein air Painting and Artistic Identity in Nineteenth-Century France*, London: Reaktion Books, 2015, sowie dies.: *The Art of Impressionism: Painting Technique and the Making of Modernity*, Newhaven/London: Yale University Press, 2005.

3 Der amerikanische Aktionskünstler und Performance-Theoretiker Allan Kaprow war der Erste, der den Performance-Charakter der Malerei von Jackson Pollock bemerkte, vgl. Allan Kaprow: „The Legacy of Jackson Pollock", in: ders.: *Essays of the Blurring of Art and Life*, Berkeley/Los Angeles/London: University of California Press, 2003 (Erstausgabe 1993), S. 1–9.

4 Vgl. „Christopher Lehmpfuhl: Ein Essay von Melanie Klier", in: *Christopher Lehmpfuhl: Berlin. Plein air. Malerei 1995–2010*, Berlin: DOM Publishers, 2011, S. 6–45 (Deutsch), S. 46–86 (Englisch). Der Band bietet einen detaillierten Überblick über das Leben und die künstlerische Entwicklung des Künstlers, der an einem 30 Meter breiten Panorama aus mehreren Einzelwerken arbeitet, das einen seiner Berliner Lieblingsorte darstellt.

5 Henri Bergson: *Materie und Gedächtnis. Eine Abhandlung über die Beziehung zwischen Körper und Geist*, Hamburg: Felix Meiner Verlag, 2001 (Neudruck der Ausgabe von 1908; frz. *Matière et mémoire. Essai sur la relation du corps à l'esprit*, 1896).

6 Ein „Perzept" ist eine mentale Vorstellung, das Ergebnis eines Wahrnehmungsprozesses. Bei Lehmpfuhl, der über ein nahezu fotografisches Gedächtnis verfügt, steht ein solches Perzept am Anfang vieler seiner Gemälde. Vgl. zu Perzept und Wahrnehmung auch Rudolf Arnheim: *Art and Visual Perception: A Psychology of the Creative Eye*, Berkeley/Los Angeles/London: University of California Press, 1974, insbesondere die Kapitel „Shape" (S. 42–90) und „Form" (S. 92–161).

7 Andrew J. Lawson, *Painted Caves: Palaeolithic Rock Art in Western Europe*, Oxford: Oxford University Press, 2012. Es gilt inzwischen als sicher, dass Kinder die Fingermalereien gemeinsam mit Erwachsenen ausgeführt haben.

8 Christopher Lehmpfuhl erinnert sich an die Wirkung, die in seiner Kindheit die impressionistischen Landschaften von Monet, Pissarro und Sisley, aber auch die proto-expressionistischen Werke van Goghs und zahlreicher anderer deutscher Landschaftsmaler des 19. Jahrhunderts wie Corinth, Slevogt, Liebermann, Uhde und Leistikow auf ihn hatten. Vgl. das Gespräch mit dem Künstler in: „Natur Gewalten: Christopher Lehmpfuhl im Gespräch mit Marina Dafova", in: *Christopher Lehmpfuhl. Meer. Berge. Plein air Malerei*, Ostholstein Museum, 2014, S. 30–39.

9 Das sogenannte Repoussoir (von frz. *repousser*, zurückdrängen, beiseiteschieben) ist ein malerisches Mittel, das vor allem in der Landschaftsmalerei Verwendung findet – einem eigenständigen Genre, das im 17. Jahrhundert entstand und dessen Ursprünge oft auf Claude Lorraine und Jacob van Ruisdael zurückgeführt werden. Im Impressionismus war es sehr verbreitet, und zwar vor allem in den Bildkompositionen Paul Cézannes. Vgl. hierzu Pavel Machotka, *Cézanne: Landscape into Art*, New Haven: Yale University Press, 1996.

10 Auf seinen 2002 und 2003 unternommenen Reisen nach China und Indien schuf Lehmpfuhl ausschließlich *plein air*-Aquarelle. Der Künstler verweist in diesem Zusammenhang auf den Einfluss, den die Aquarelle Edward Hoppers auf seine Entwicklung hatten. Vgl. auch Gail Levin: *The Watercolors of Edward Hopper*, New York: W. W. Norton & Co, 2000.

2 It was only with the invention of collapsible tube paint containers patented in 1841, by John Goffe Rand (1801–73), that *plein air* painting became fully feasible, replacing unstable pigs bladders and syringes, and this served as the later advent of *plein air* Impressionism, see Anthea Callen, *Techniques of the Impressionists*, London, Tiger Books, 1988, also Anthea Callen, *The Work of Art: Plein Air Painting and Artistic Identity in Nineteenth-Century France*, London, Reaktion Books, 2015, and Anthea Callen, *The Art of Impressionism: Painting Technique and the Making of Modernity*, Newhaven and London, Yale University Press, 2005.

3 Allan Kaprow the American "Happening" artist and performance theorist was the first to observe the performance aspects of Jackson Pollock's painting process, see Allan Kaprow, "The Legacy of Jackson Pollock" in: *Essays of the Blurring of Art and Life*, Berkeley, Los Angeles and London, University of California Press (1993), 2003, pp. 1–9.

4 See "Christopher Lehmpfuhl: An Essay by Melanie Klier," in: *Christopher Lehmpfuhl: Berlin Plein Air Malerei 1995–2010*, Berlin, DOM Publishers, 2011, pp. 6–44 (German), pp. 49–87 (English) This publication gives a detailed and extended overview of the life and artistic development of the artist, who is in the process of completing a multi-canvas thirty metre panoptic panorama painting of a favourite site location in Berlin.

5 Henri Bergson, *Matter and Memory: An Essay on the Relation of the Body and the Spirit*, (1908, fifth edition) New York, Zone Books, 1991 (Fr. *Matière et Mémoire*, 1896).

6 A "percept" is a mental concept that is developed as a consequence of the process of perception, and since Lehmpfuhl has a near photographic memory it serves at the point of departure in his paintings. To understand the role of percept and perception, see Rudolf Arnheim, *Art and Visual Perception: A Psychology of the Creative Eye*, Berkeley, Los Angeles, and London, University of California Press, 1974 (plus recent editions) See chapters on "Shape" and "Form" pp. 42–90, 92–161.

7 Andrew J. Lawson, *Painted Caves: Palaeolithic Rock Art in Western Europe*, Oxford, Oxford University Press, 2012. It is now established that children actually executed the finger paintings along with the adults.

8 Christopher Lehmpfuhl acknowledges childhood influences of Impressionist landscape painting (Monet, Pissarro, Sisley), and also the proto-Expressionist Van Gogh and numerous other nineteenth-century German landscape painter precursors like Corinth, Slevogt, Liebermann, Uhde and Leistikow, see the published conversation "Natur Gewalten: Christopher Lehmpfuhl im Gespräch mit Marina Dafova," in: *Christopher Lehmpfuhl. Meer. Berge. Plein Air Malerei*, Ostholstein Museum, 2014, pp. 30-39.

9 The *repoussoir* (setting or pushing back) is a pictorial device in landscape painting, part of the autonomous genre that first emerged in the seventeenth century, often attributed to Claude Lorraine and Jacob van Ruisdael. It was common to Impressionism, perhaps, most notably seen in compositional approach of Paul Cézanne, see Pavel Machotka, *Cézanne: Landscape into Art*, New Haven: Yale University Press, 1996.

10 On Lehmpfuhl's trips to China and India, in 2002/2003, he created as exception only *plein air* watercolours. And the artist values the expressive influence of Edward Hopper's watercolours on his own development in this respect, see Gail Levin, *The Watercolors of Edward Hopper*, New York, W.W. Norton & Co. 2000.

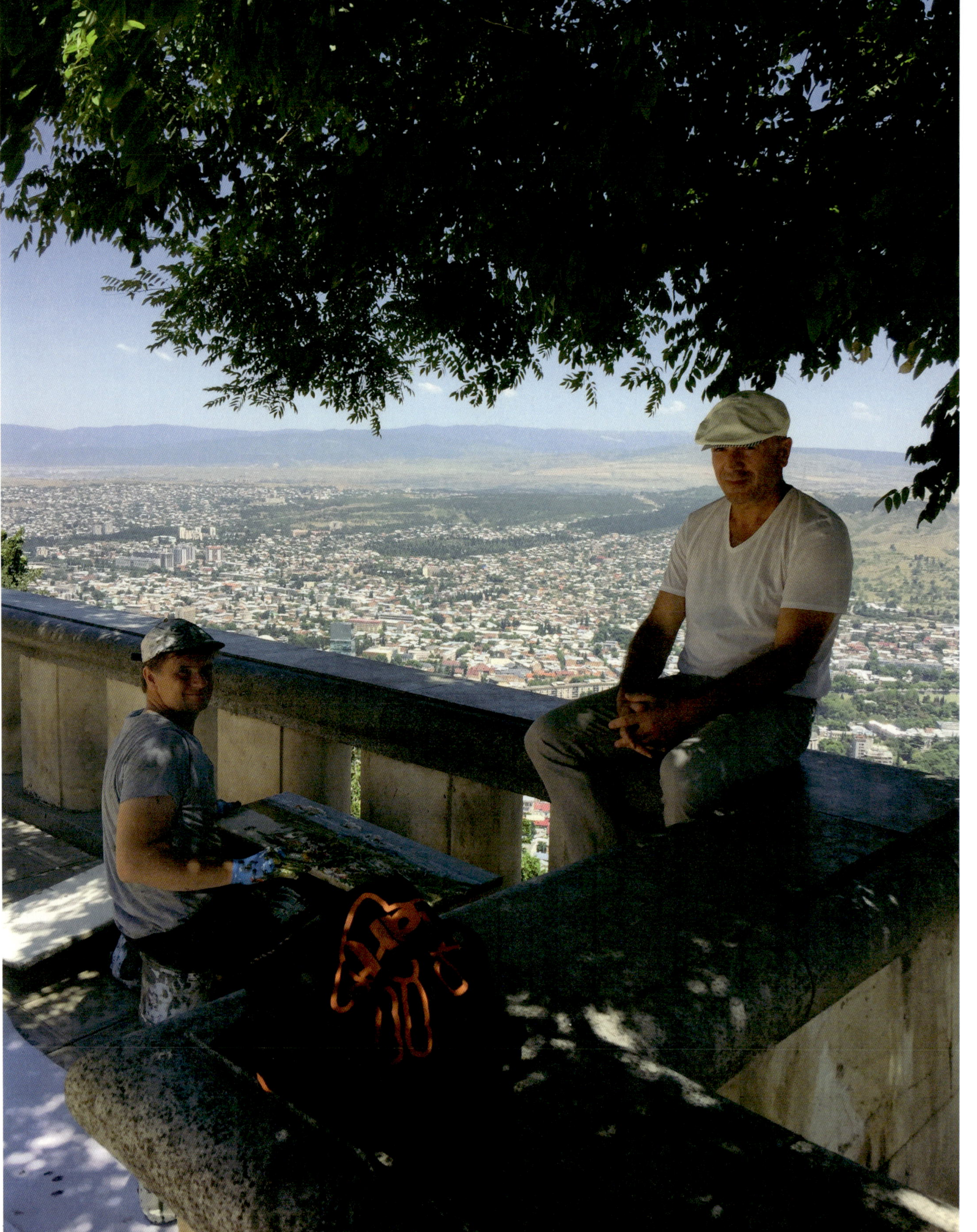

Kurze Rast, Tiflis
Short Break, Tbilisi

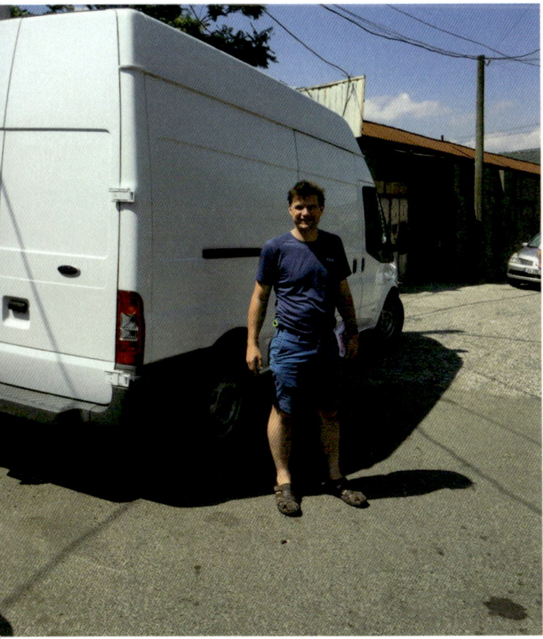
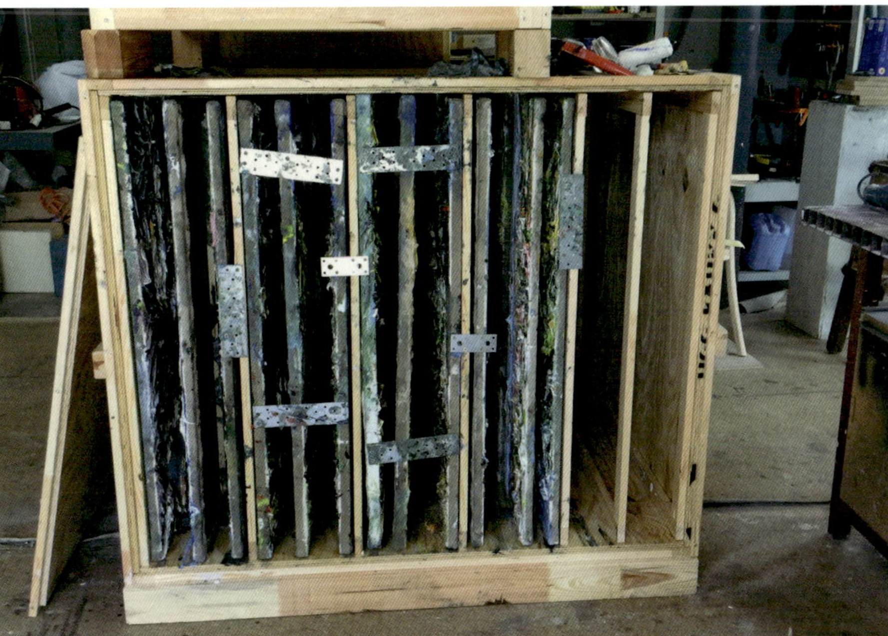
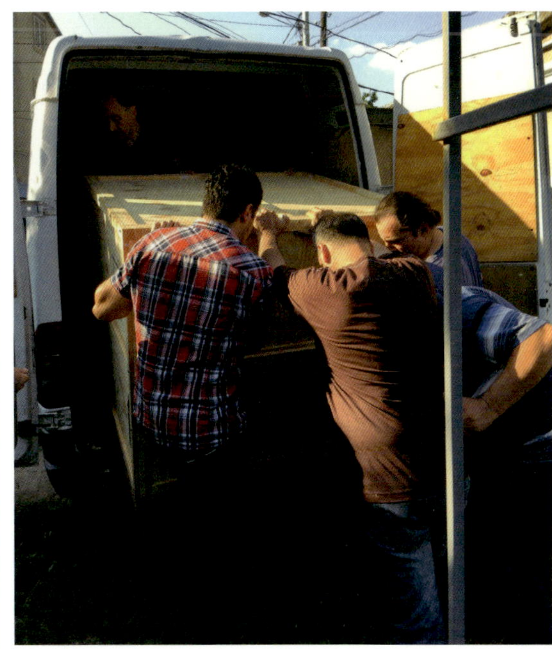

von links nach rechts from left to right: Christopher Lehmpfuhl und der Transporter Christopher and the Van | Verschraubte Bilder Pictures Ready for Transport | kräftige Unterstützung Big Support

11 Der letzte Ausbruch des Kasbek ereignete sich 750 v. Chr. Der Berg nimmt einen zentralen Platz in der georgischen Volksmythologie ein und gilt mitunter als der Ort, an den Prometheus (oder Amirani, sein georgisches Pendant) gekettet wurde, vgl. *Georgia: A Sovereign Country of the Caucasus*, Hong Kong: Odyssey Publications, 1999.

12 Die Stadt Mzcheta wurde im 5. Jahrhundert v. Chr. gegründet; sie gehört zum UNESCO-Weltkulturerbe und war die Hauptstadt des früheren georgischen Königreichs Iberien, vgl. <http://whc.unesco.org/en/news/535>.

13 Zur Entstehungsgeschichte der georgischen aus der armenischen Kirchenarchitektur, vgl. John Halajian: *Armenian Church Architecture: From Dormancy to Revival*, Mustang, Oklahoma: Tate Publishing, 2006, vor allem das erste Kapitel: „Looking Through a Cracked Rearview Mirror“, S. 15–36.

14 Vgl. Stephen H. Rapp, Jr.: „Georgian Christianity“, in: Ken Parry: *Blackwell Companion to Eastern Christianity*, New York: John Wiley & Sons, S. 137–155.

15 Die Kura ist der längste Fluss im Kaukasus; sie entspringt in der Türkei, fließt durch Georgien und Aserbaidschan und mündet ins Kaspische Meer. Ihr georgischer Name ist *Mt'k'vari*, vgl. <http://www.feem-web.it/transcat_conf/conf_papers/Guluzada.pdf>.

16 Vgl. Catherine Lampert (Hrsg.) und T. J. Clark, *Frank Auerbach*, London: Tate Publishing, 2015, sowie Paul Moorhouse: *Leon Kossoff*, London: Thames & Hudson, 1996.

17 Maurice Merleau-Ponty: *Das Auge und der Geist. Philosophische Essays,* hrsg. u. übers. von Hans Werner Arndt, Hamburg: Felix Meiner Verlag, 1967, S. 15f.

11 Mount Kazbek last erupted c. 750 BCE. It has been long associated with Georgian folklore and myth, and is sometimes referred to as the mountain that Prometheus (or Amirani his Georgian hero equivalent) was chained to, see *Georgia: A Sovereign Country of the Caucasus*. Hong Kong, Odyssey Publications, 1999.

12 Dating from the 5th century BCE, Mtskheta is a UNESCO World Heritage Site, and was the capital of the Early Georgian Kingdom of Iberia, see <http://whc.unesco.org/en/news/535>.

13 For the genesis of Georgian through Armenian architecture, see John Halajian, “Looking Through a Cracked Rearview Mirror,” chap. 1, in: *Armenian Church Architecture: From Dormancy to Revival*, Mustang, Oklahoma, Tate Publishing, 2006, pp. 15–36.

14 See the entry Stephen H. Rapp Jr., “Georgian Christianity”, chap. 7, in: Ken Parry, *Blackwell Companion to Eastern Christianity*, New York, John Wiley & Sons, pp. 137–155.

15 The Kura River is a major Caucasus waterway that rises in Turkey flows through Georgia and Azerbaijan, and empties out into the Caspian Sea. The Georgian name for the river is *Mt'k'vari*, see <http://www.feem-web.it/transcat_conf/conf_papers/Guluzada.pdf>.

16 See Catherine Lampert (ed.), and T.J. Clark, *Frank Auerbach*, London, Tate Publishing, 2015, and Paul Moorhouse, *Leon Kossoff*, London, Thames & Hudson, 1996.

17 Maurice Merleau-Ponty, “Eye and Mind,” in: *The Primacy of Perception*, Evanston and London, Northwestern University Press, 1964, (pp. 159–190) p. 162.

KAUKASUS | CAUCASUS

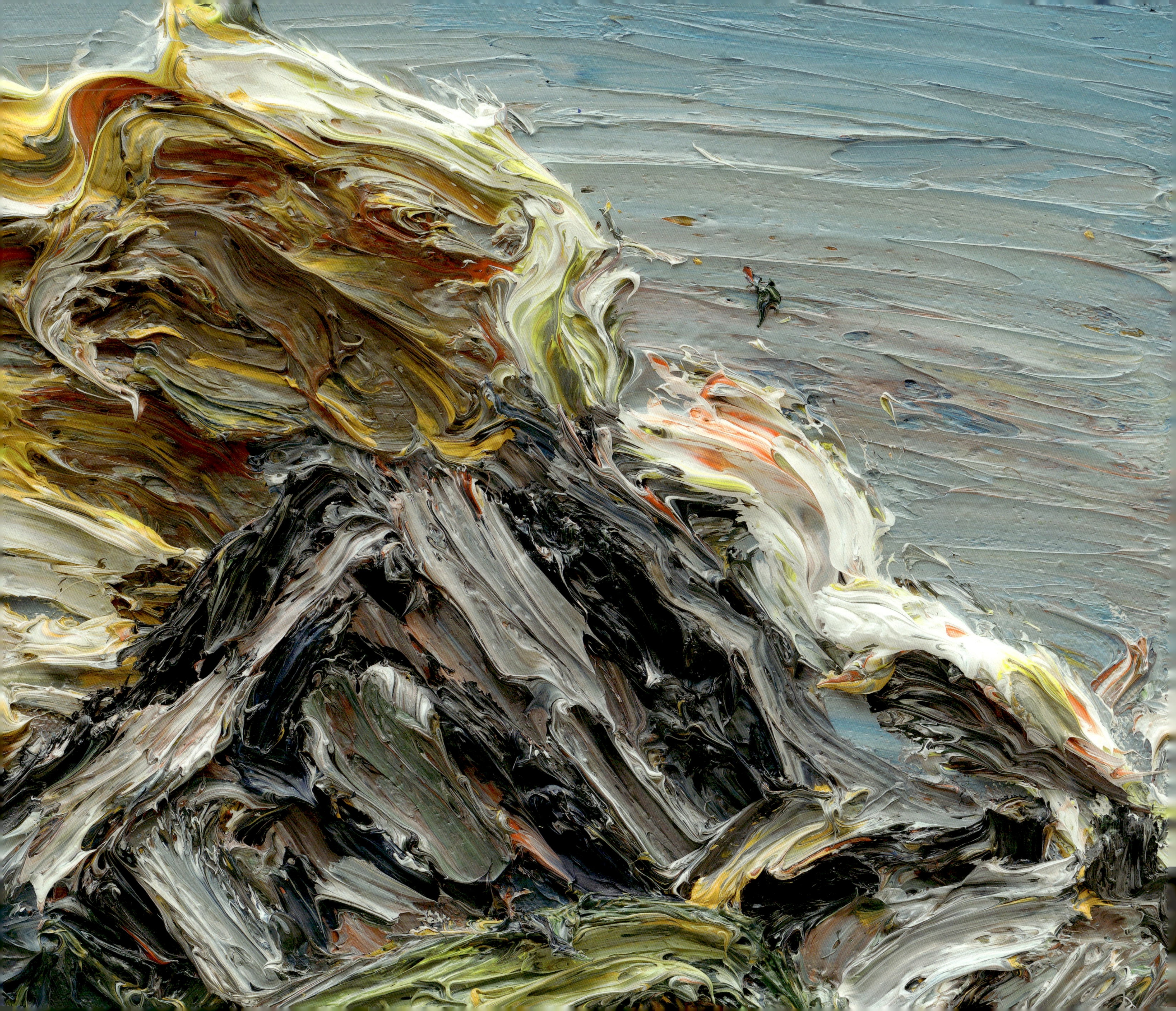

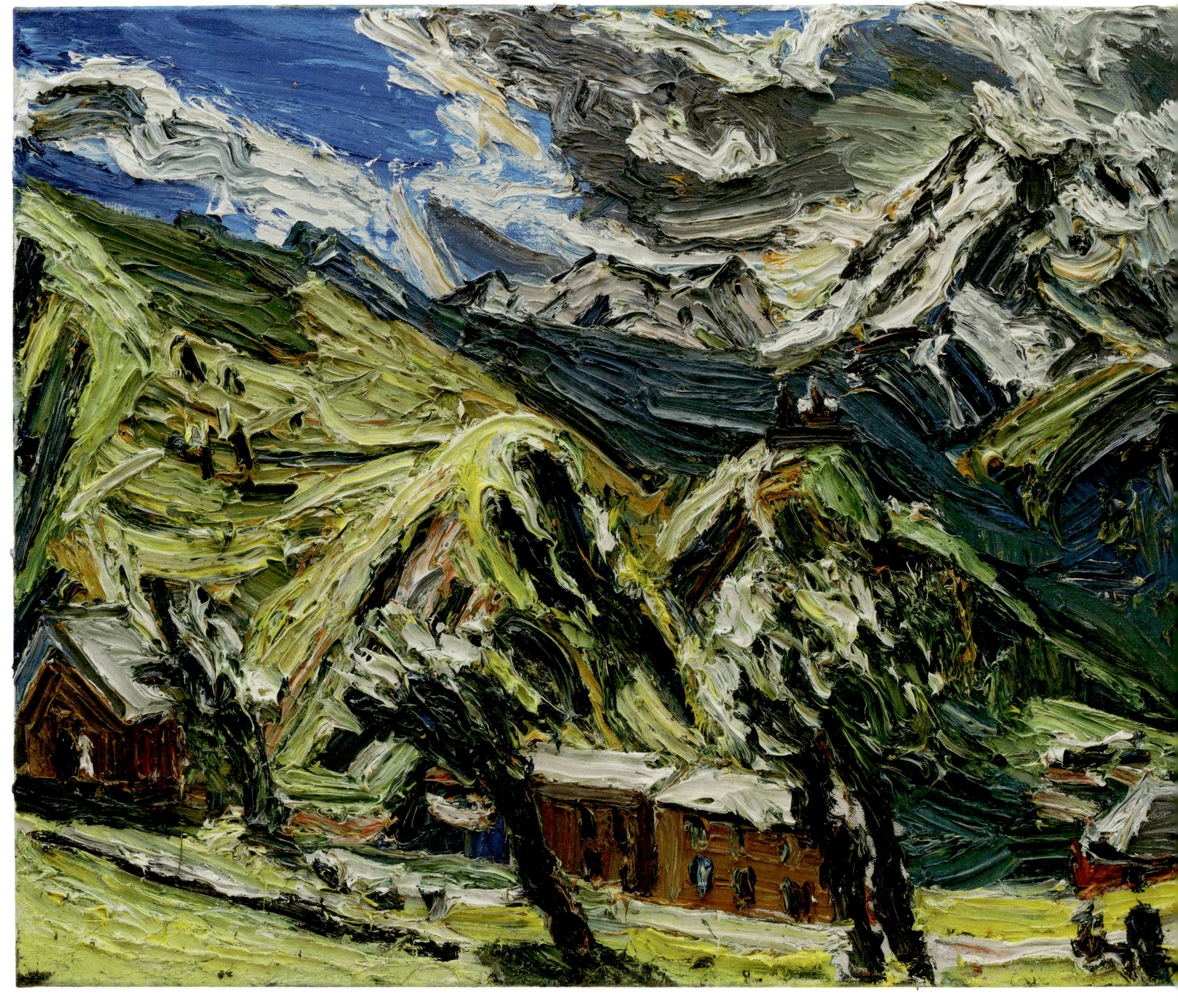

Kasbek-Duett
Kazbeg Duet
2017
Öl auf Leinwand
oil on canvas
je 100 x 120 cm

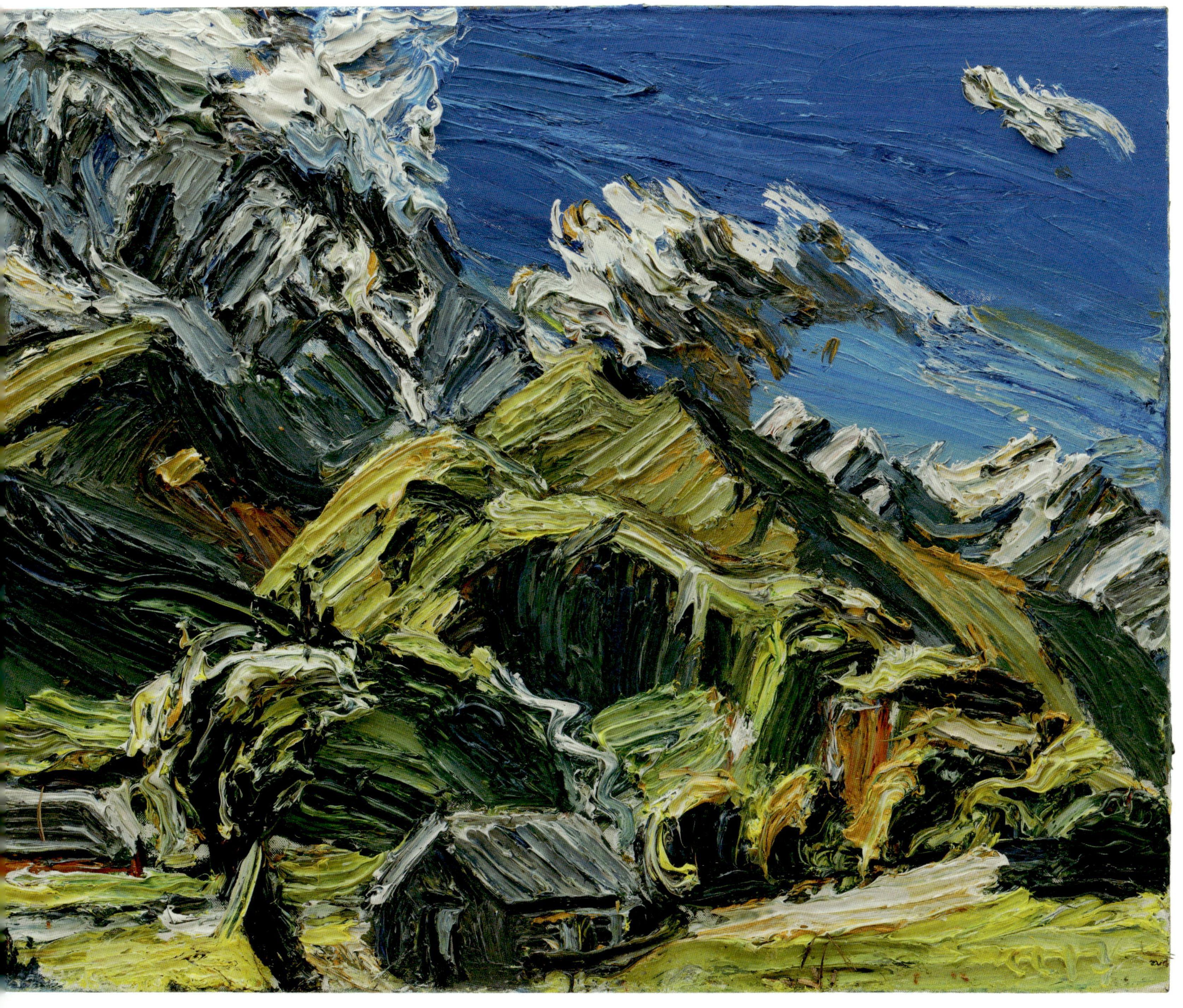

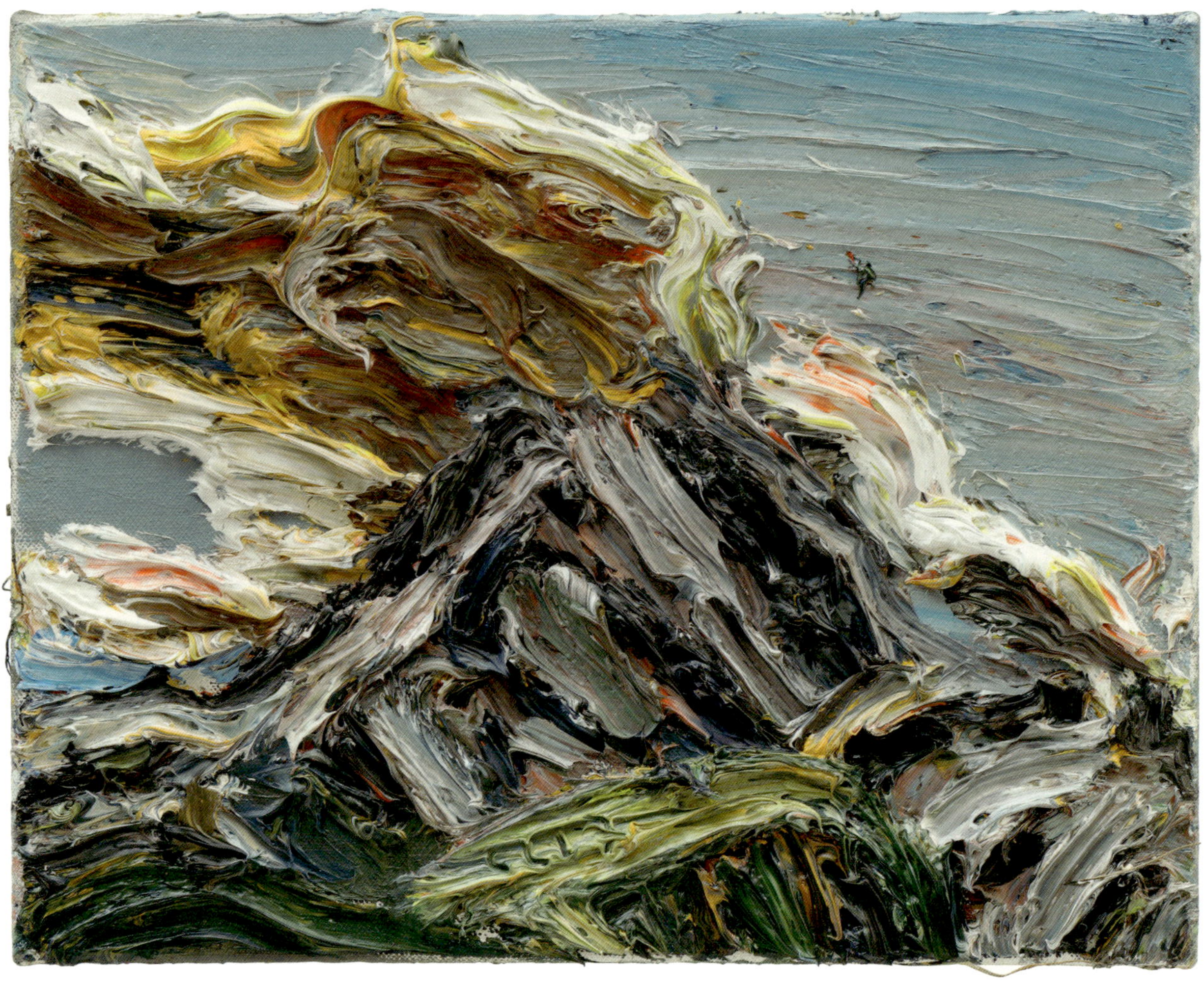

Abendglühen am Kasbek
Evening Glow at Kazbeg
2017 | Öl auf Leinwand, oil on canvas | 40 x 50 cm

▶ **Morgenlicht im Terek-Tal**
Morning Light in Tergi Valley
2017 | Öl auf Leinwand, oil on canvas |100 x 120 cm

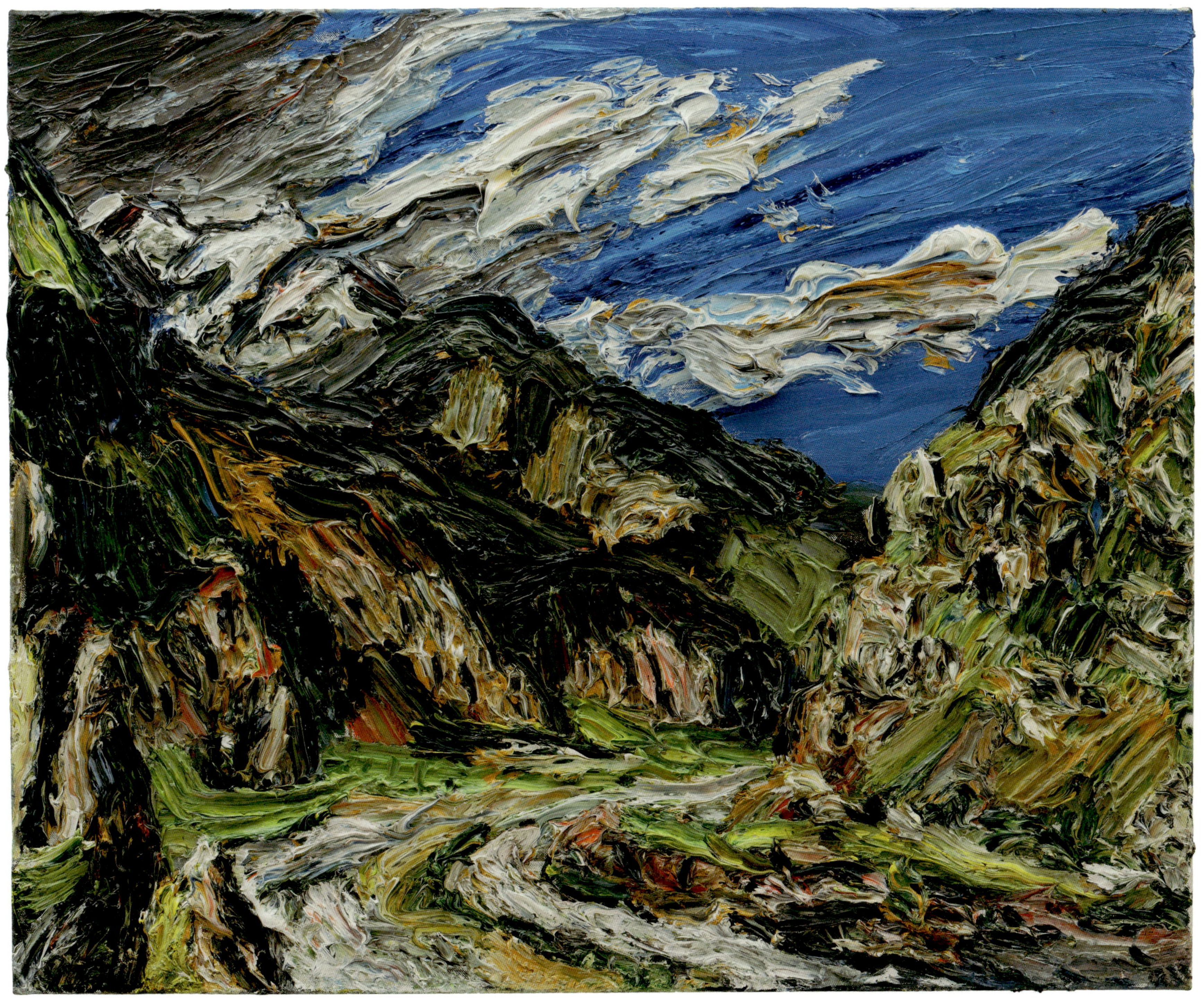

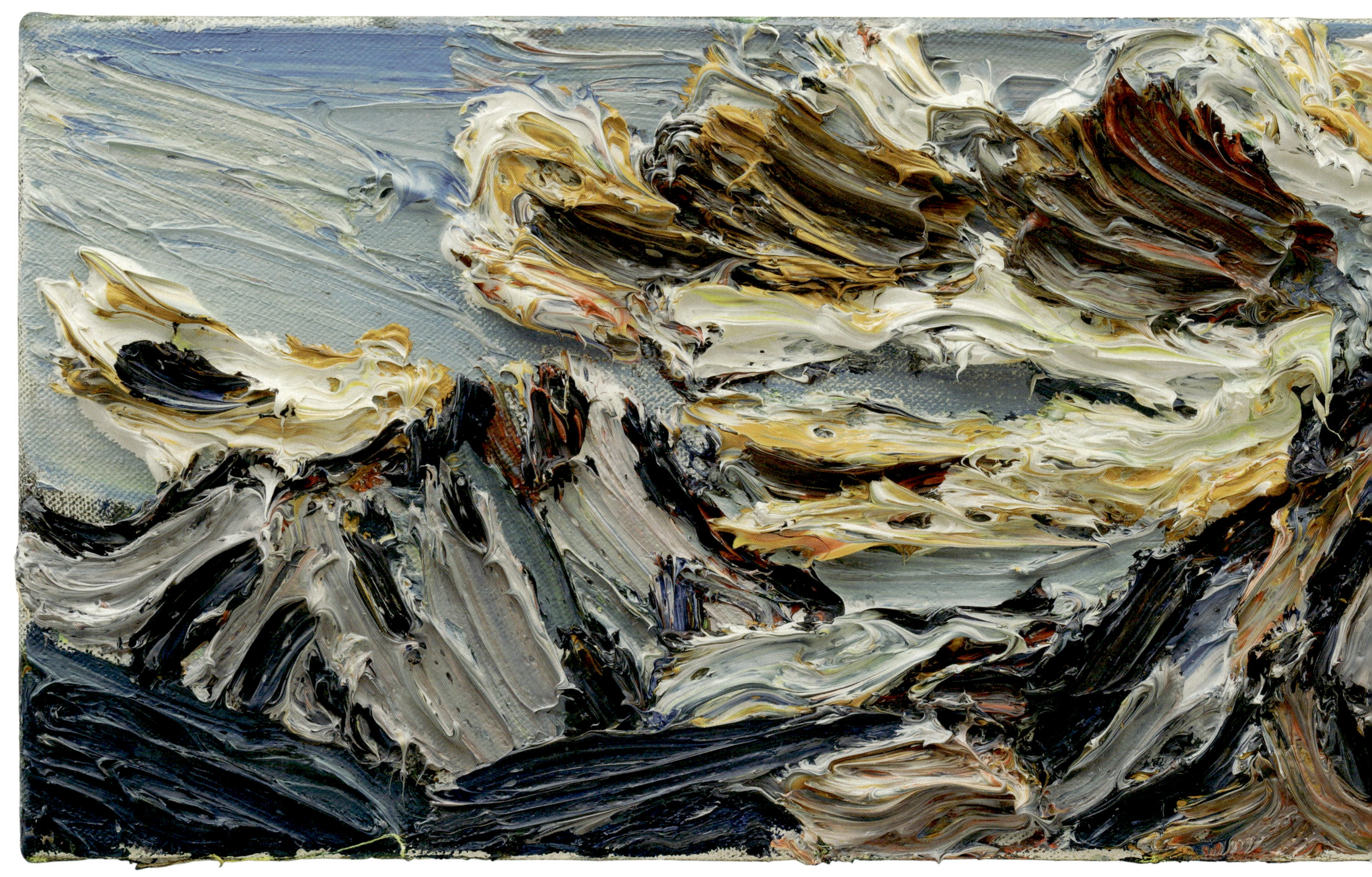

Kasbek-Abend-Panorama
Kazbeg Evening Panorama
2017 | Öl auf Leinwand, oil on canvas | 30 x 100 cm

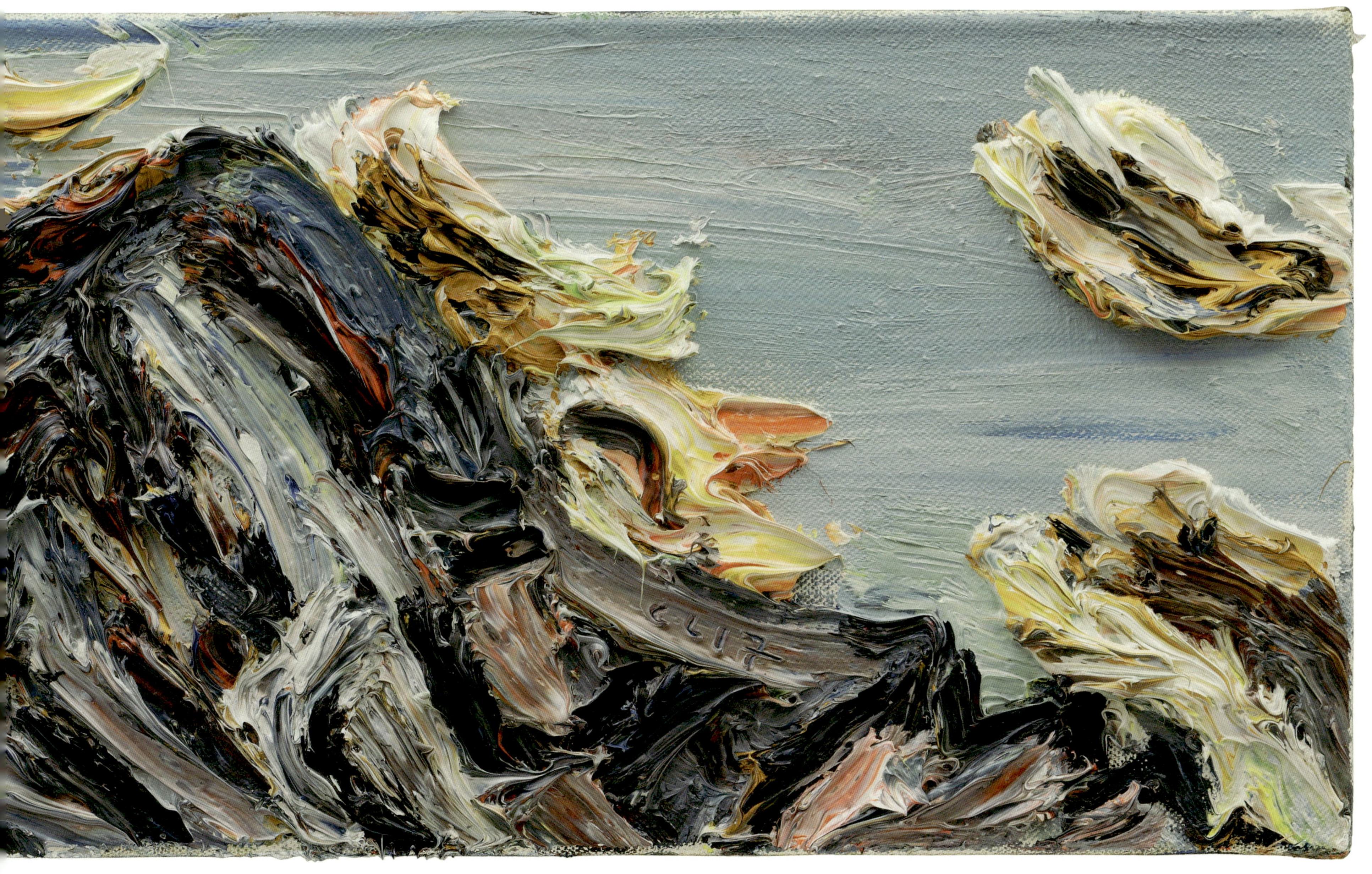

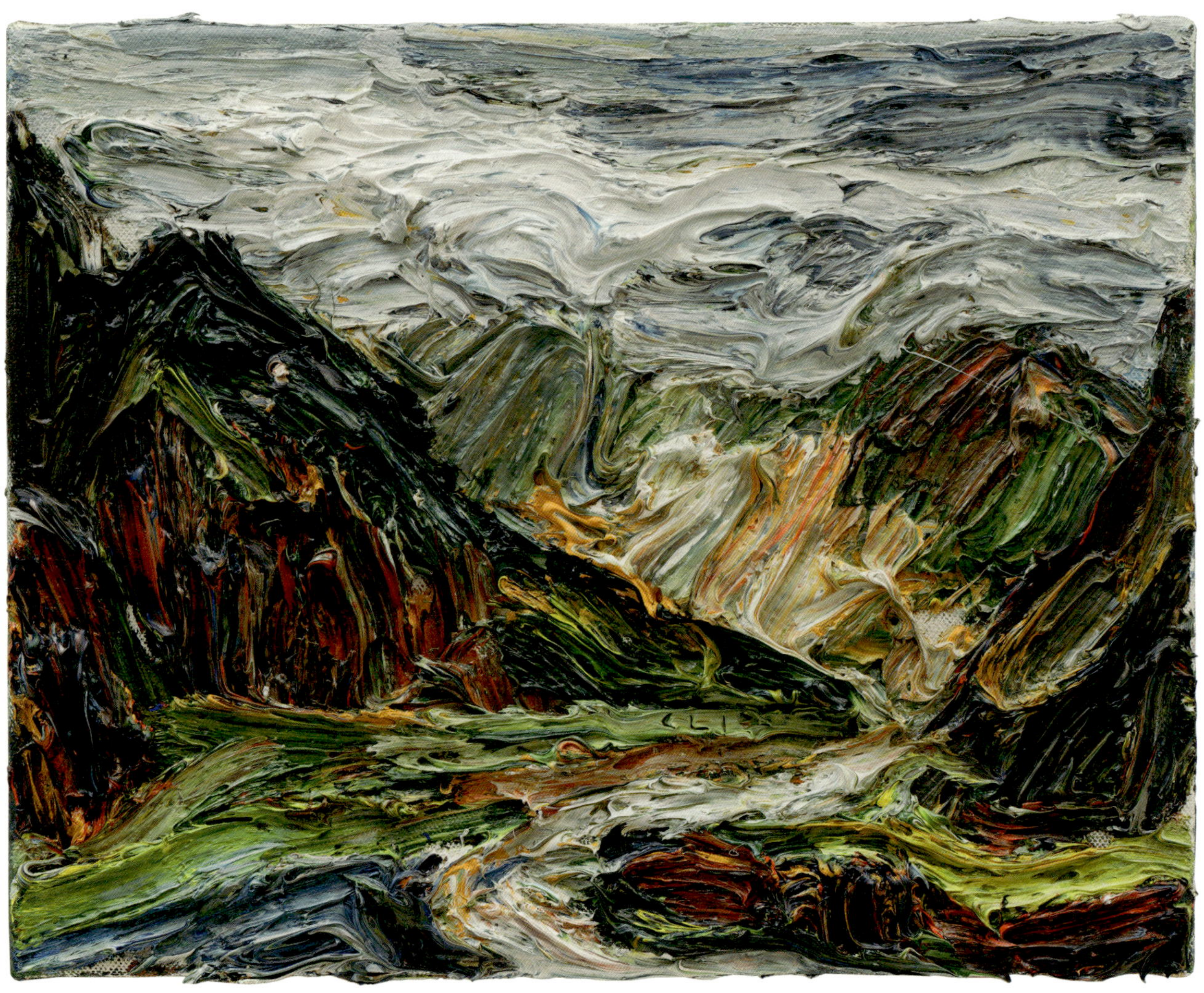

Vor dem Regen
Before the Rain
2017 | Öl auf Leinwand, oil on canvas | 50 x 40 cm

▶ **Terek-Tal**
Tergi Valley
2017 | Öl auf Leinwand, oil on canvas | 80 x 100 cm

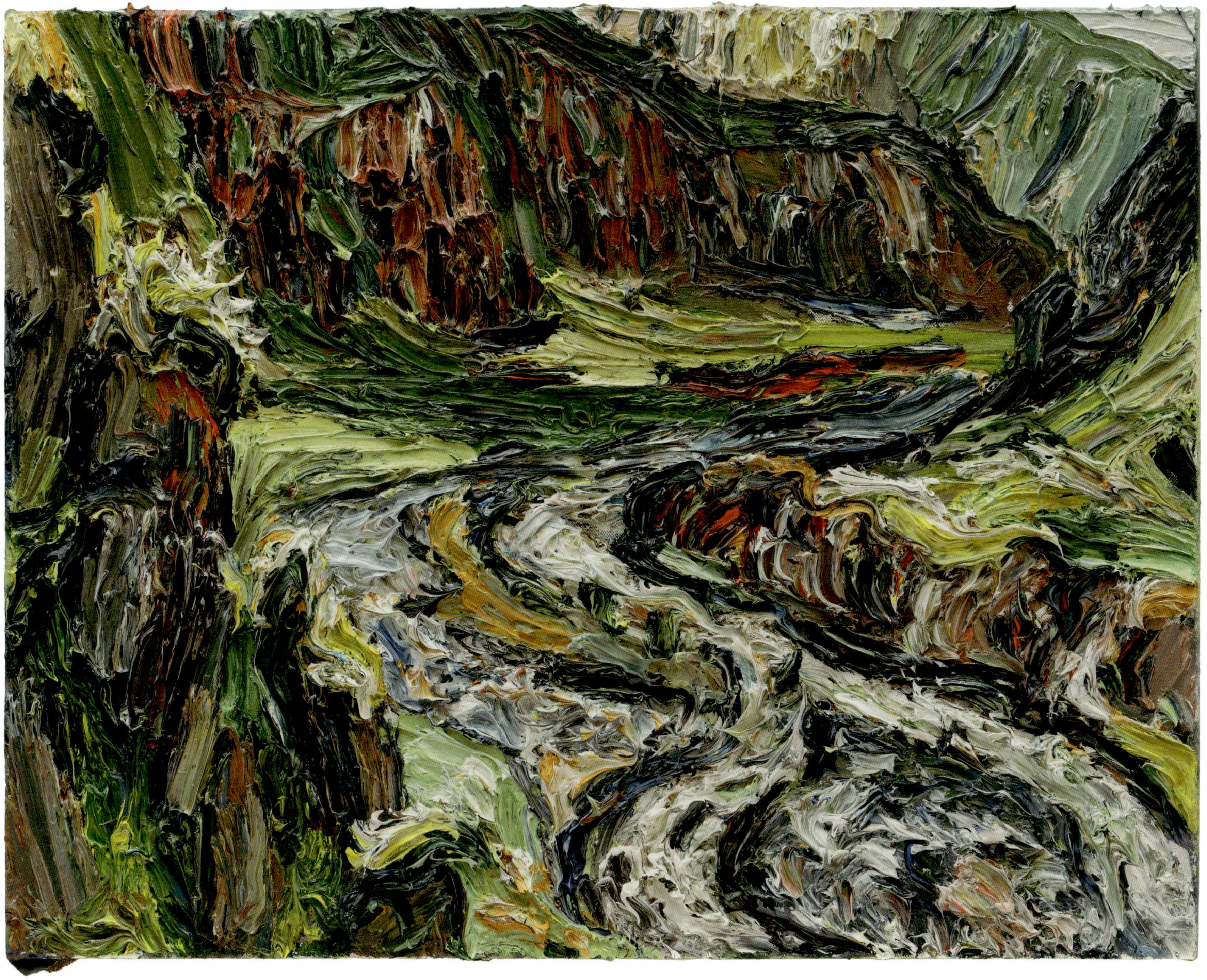

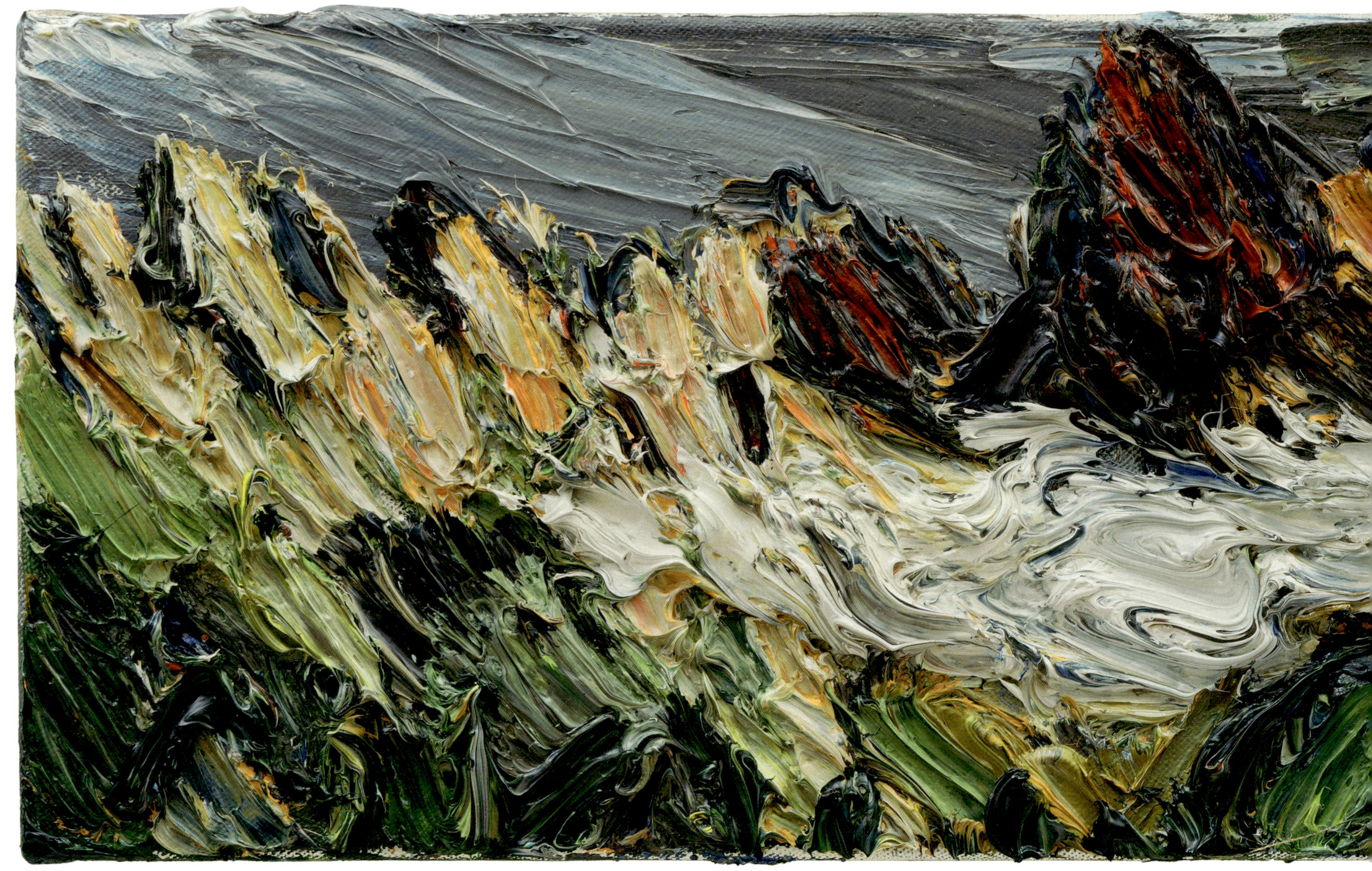

Wolkenband
Bank of Clouds
2017 | Öl auf Leinwand, oil on canvas | 30 x 100 cm

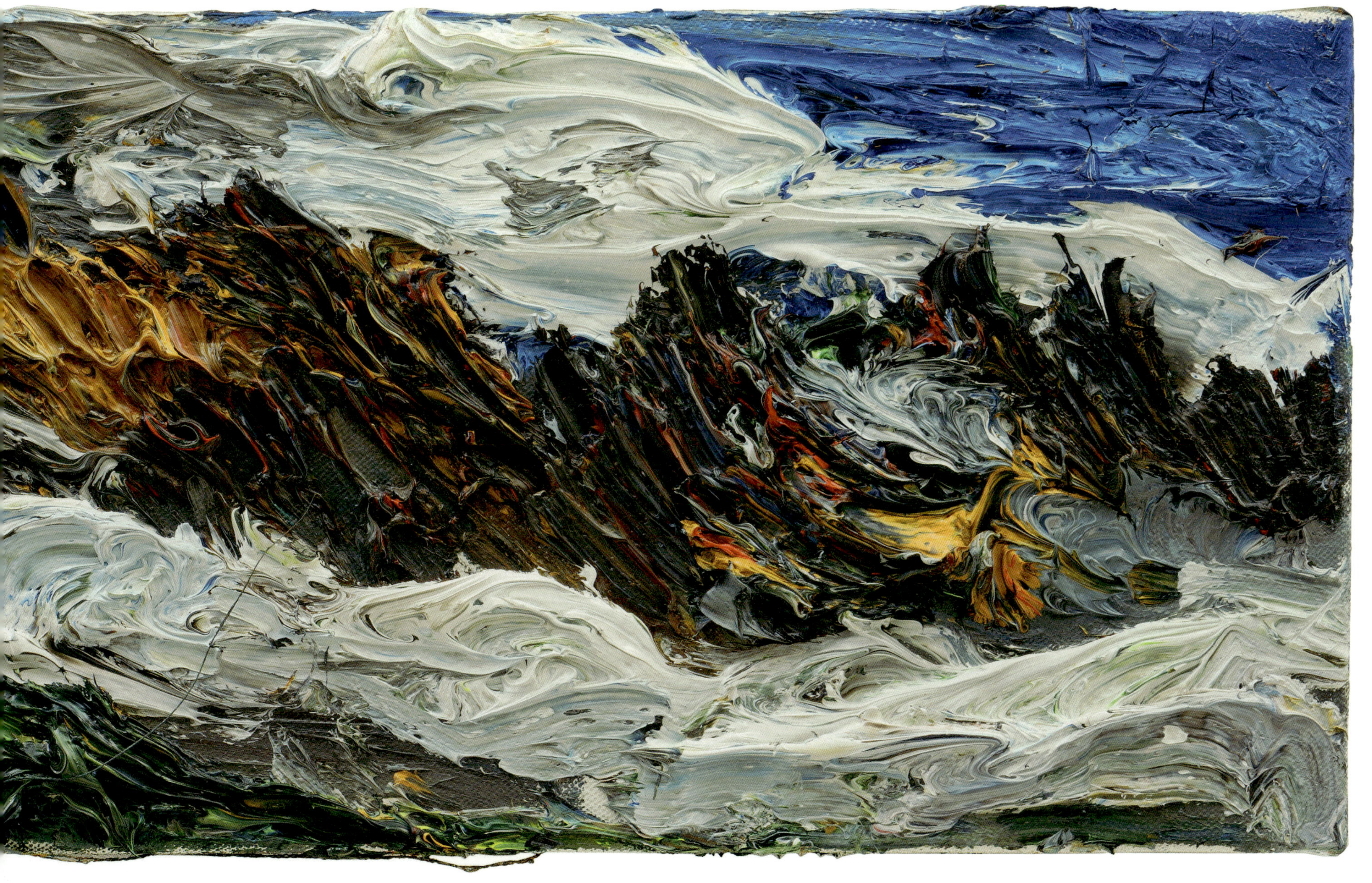

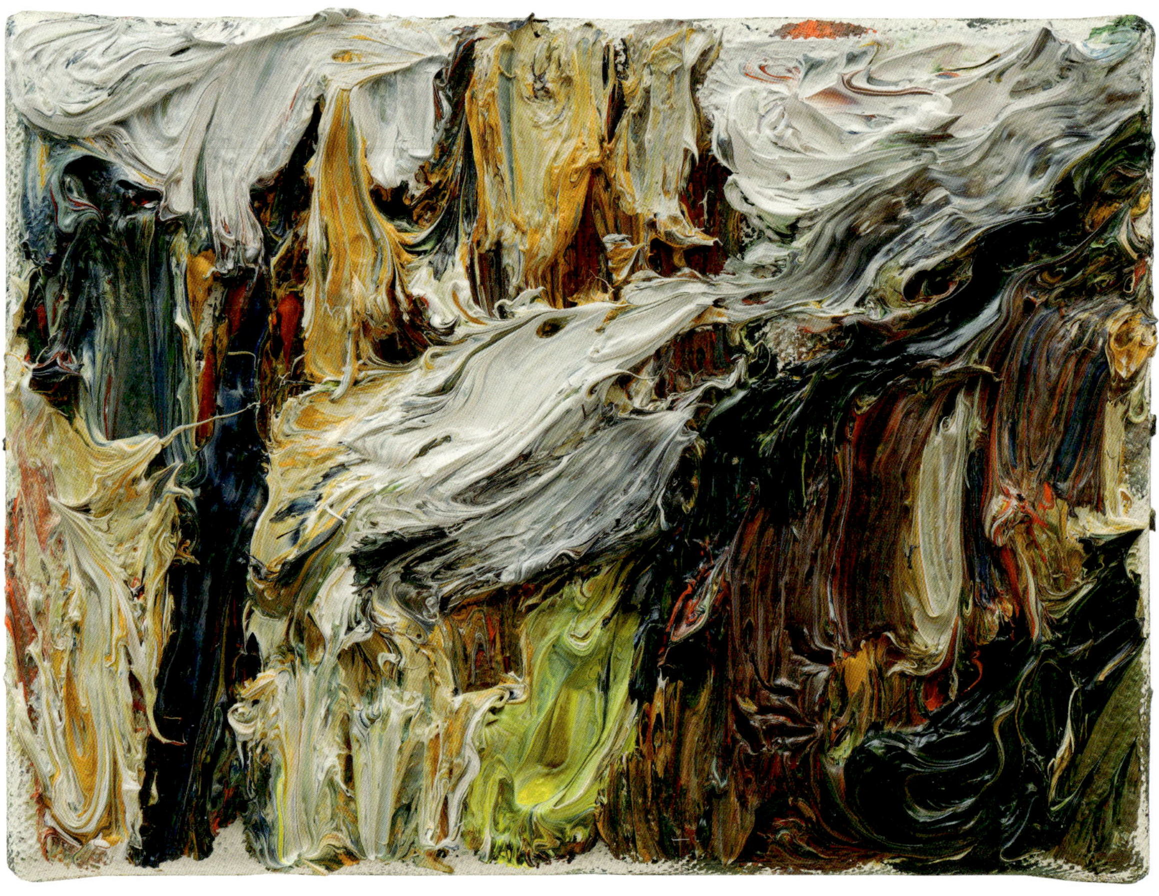

Berge und Wolken
Mountains and Clouds
2017 | Öl auf Leinwand, oil on canvas | 18 x 24 cm

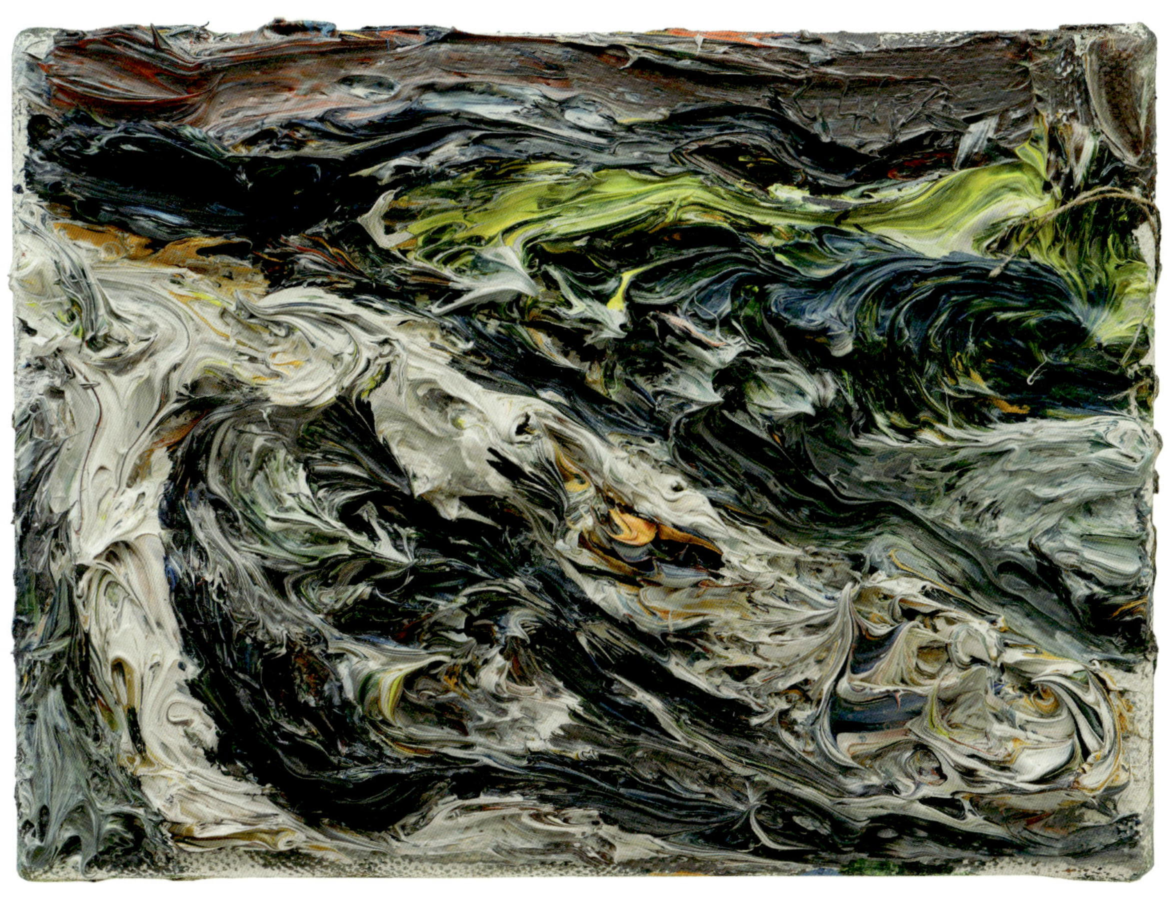

Bachstudie
Creek Study
2017 | Öl auf Leinwand, oil on canvas | 18 x 24 cm

KLOSTER DSCHWARI | JVARI MONASTERY

SWETIZCHOWELI-KIRCHE | SVETITSKHOVELI CHURCH

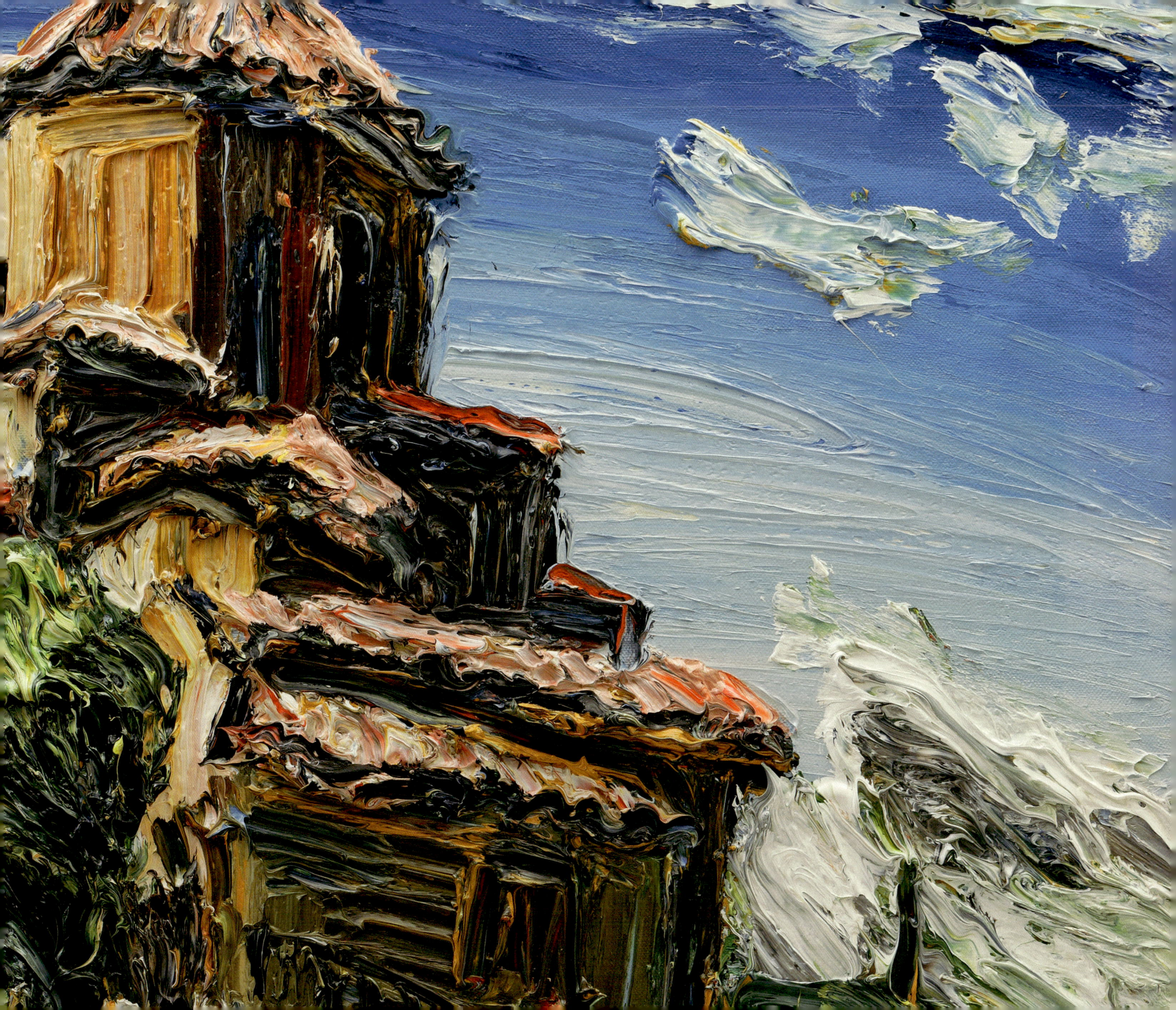

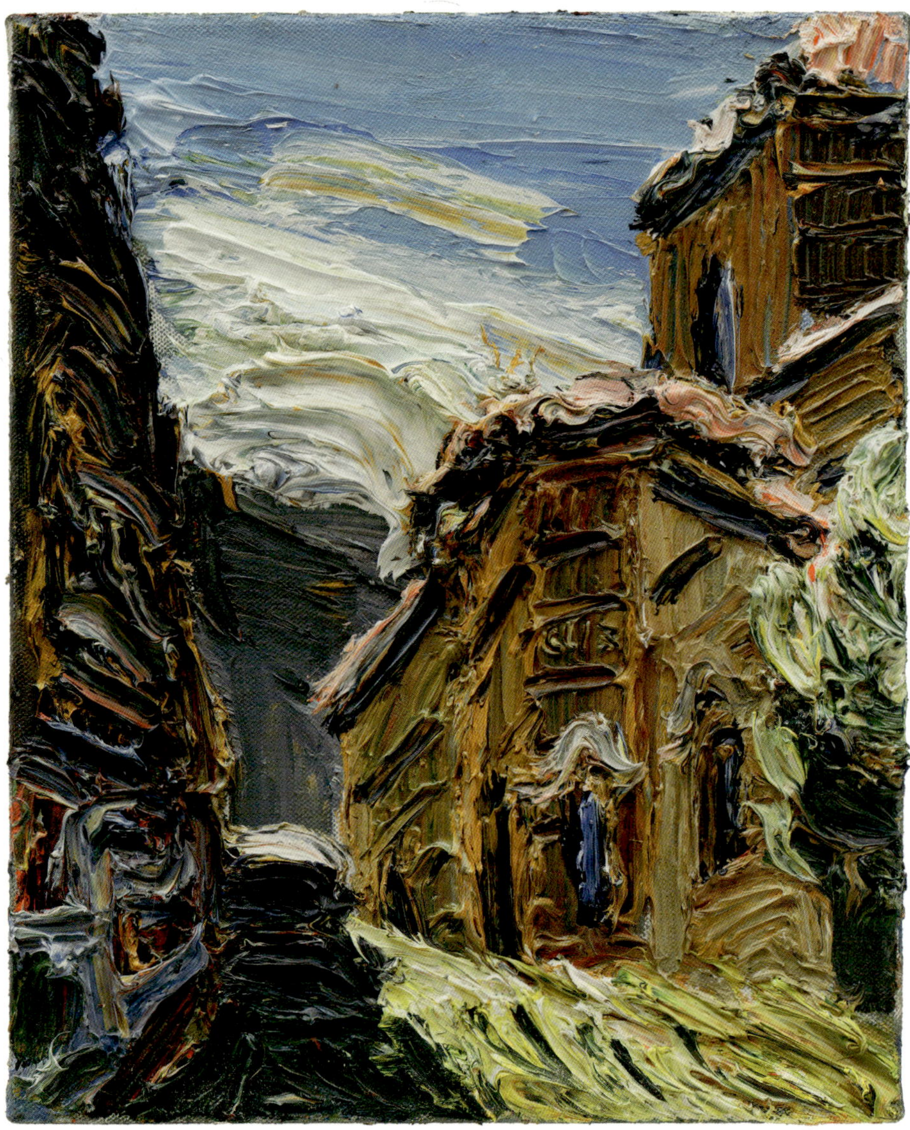

Kloster Dschwari im Gewitterlicht
Jvari Monastery in Storm Light
2017 | Öl auf Leinwand, oil on canvas | 50 x 40 cm

▶ **Landschaft bei Mzcheta**
Landscape near Mtskheta
2017 | Öl auf Leinwand, oil on canvas | 60 x 80 cm

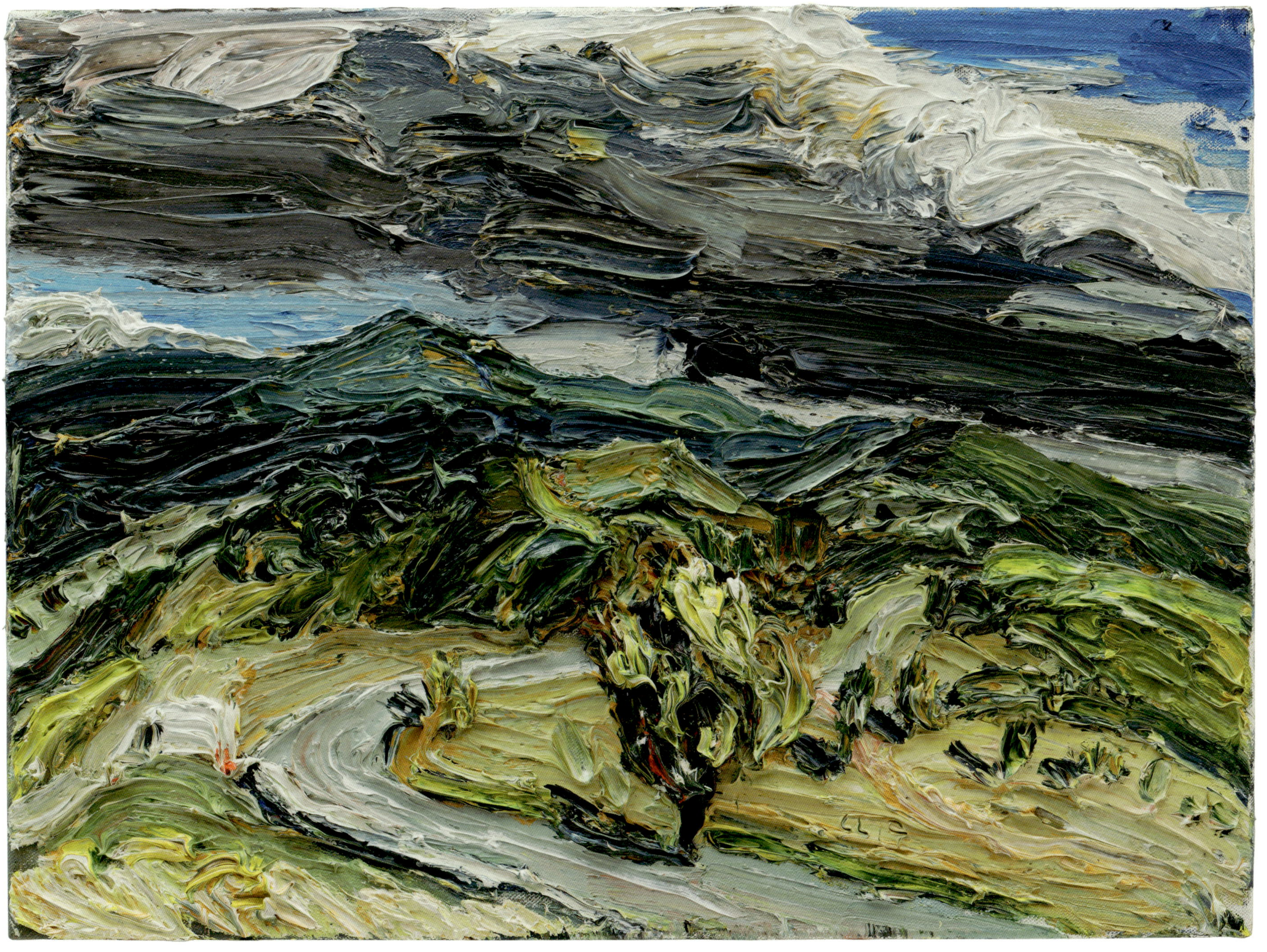

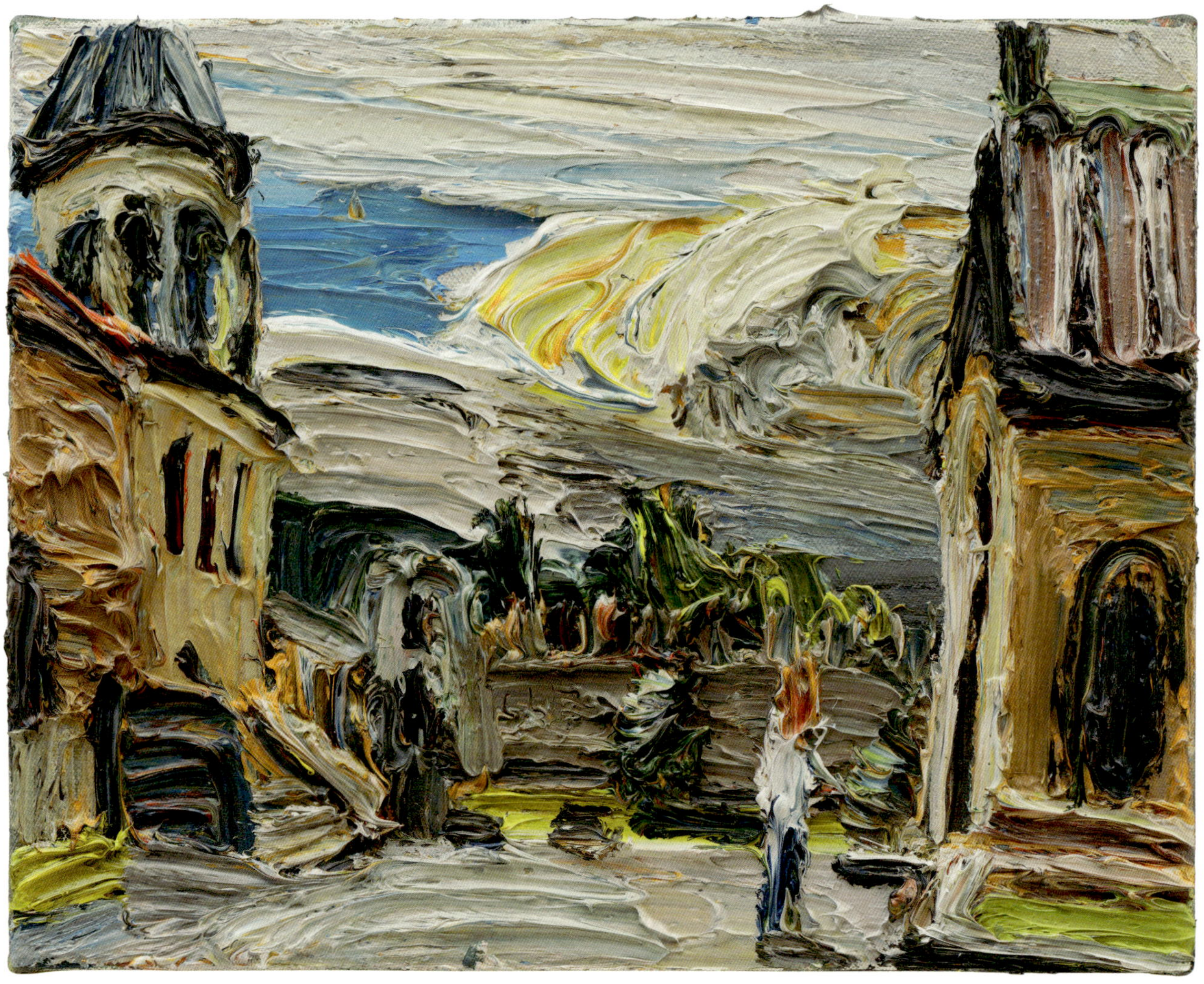

Abendstimmung an der Swetizchoweli-Kirche
Evening at Svetitskhoveli Church
2017 | Öl auf Leinwand, oil on canvas | 40 x 50 cm

▶ **Swetizchoweli-Kirche im Abendlicht**
Svetitskhoveli Church in Evening Light
2017 | Öl auf Leinwand, oil on canvas | 80 x 100 cm

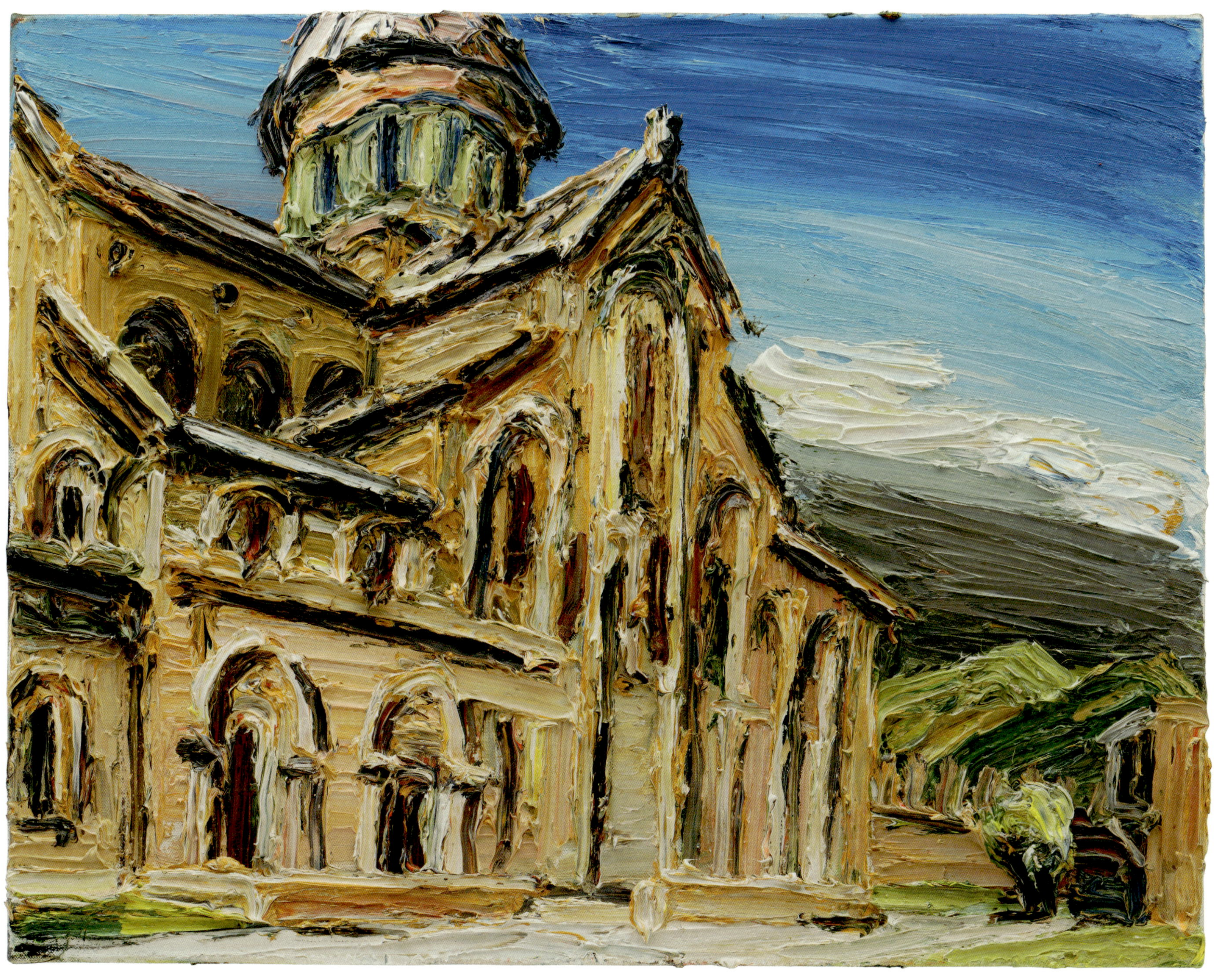

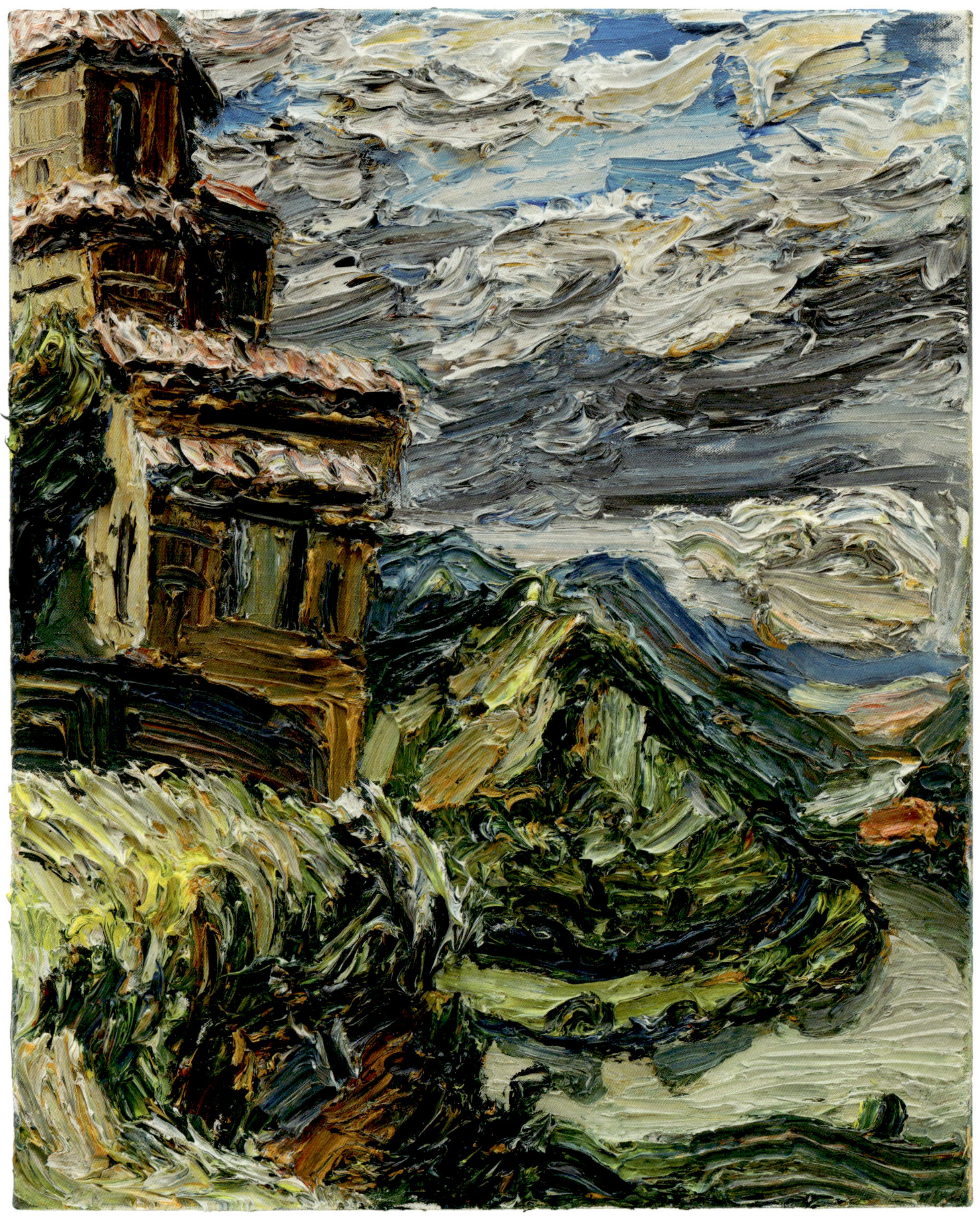

Weite
Wideness
2017 | Öl auf Leinwand, oil on canvas | 100 x 80 cm

▶ **Kloster Dschwari im Morgenlicht**
Jvari Monastery in Morning Light
2017 | Öl auf Leinwand, oil on canvas | 100 x 120 cm

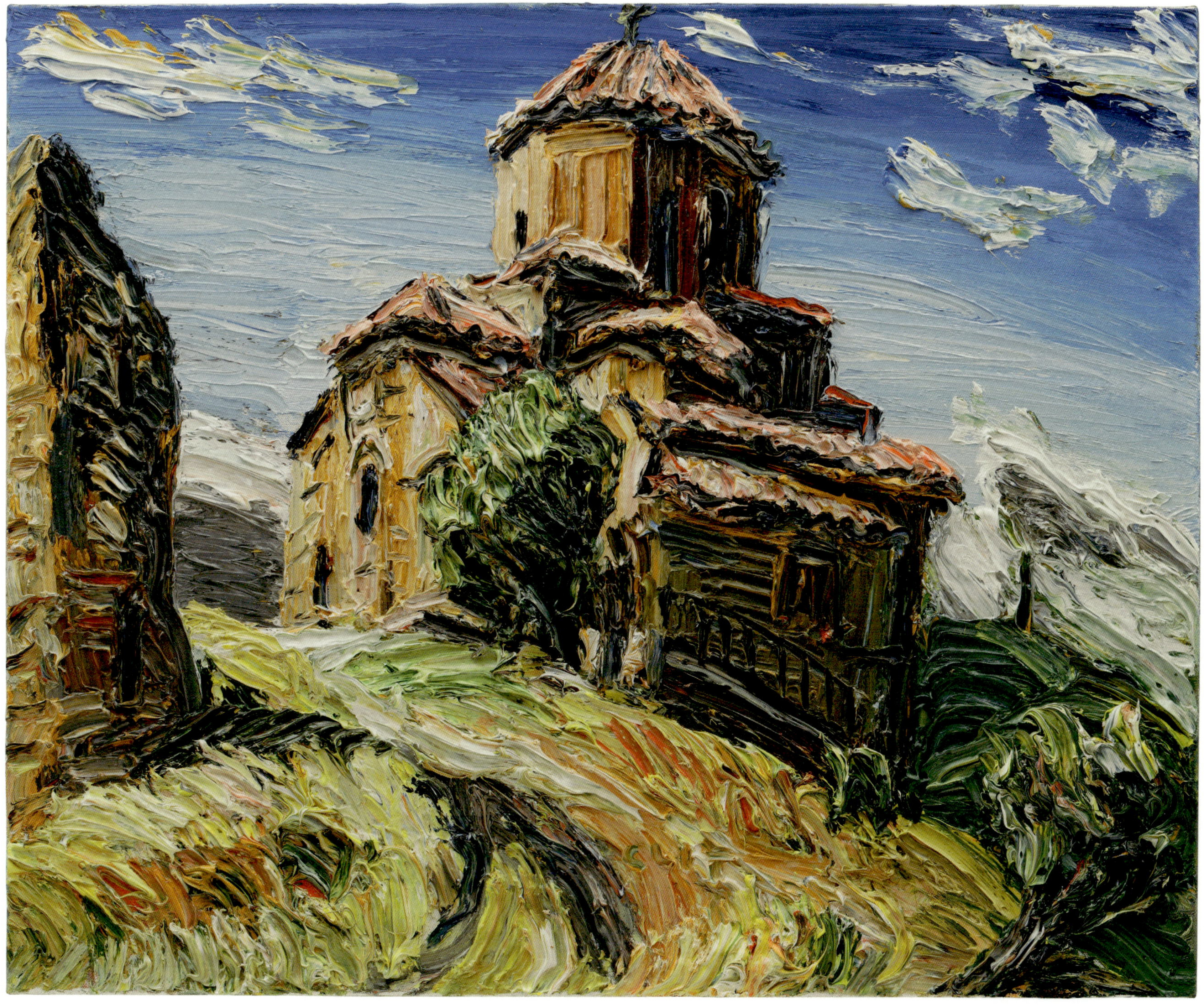

SIGHNAGHI

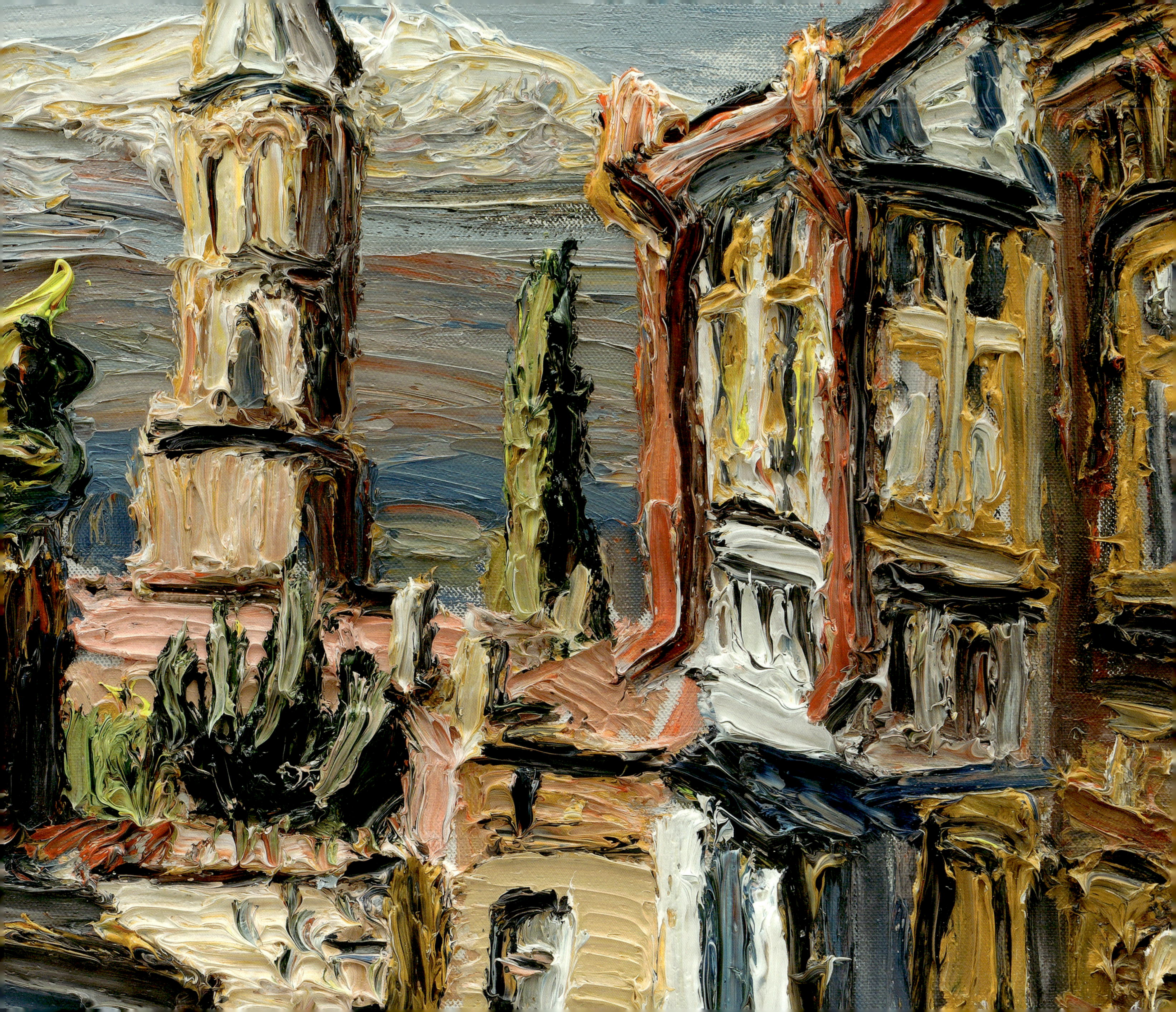

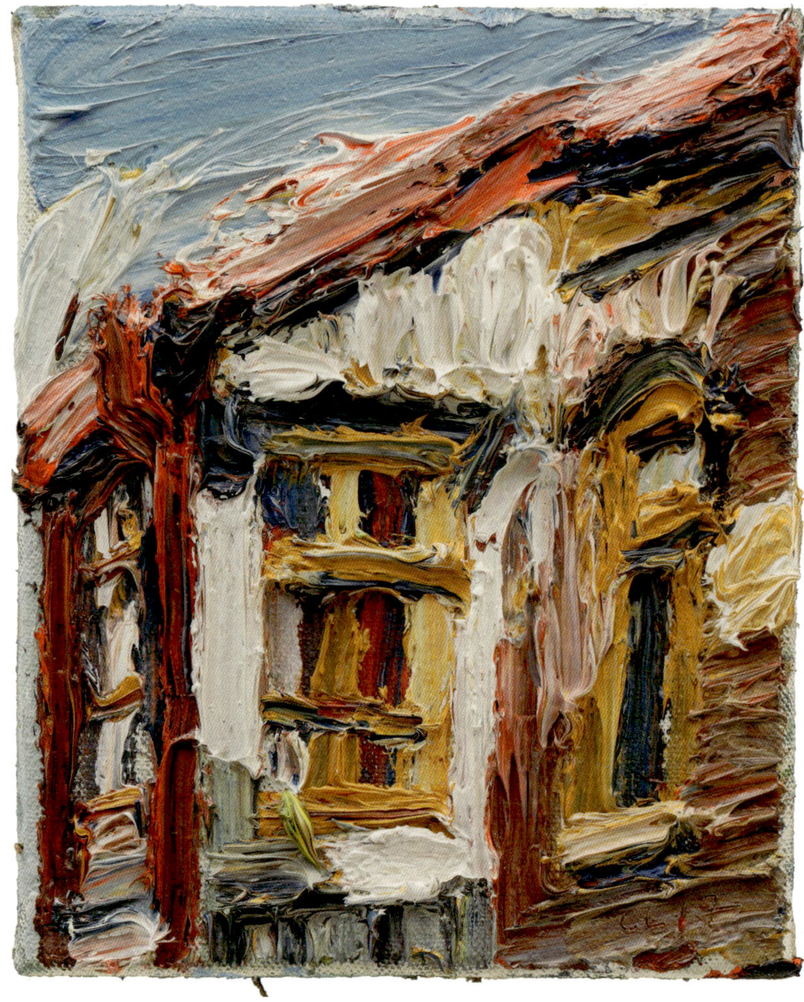

Fenster im Licht, Sighnaghi
Window in the Light, Sighnaghi
2017 | Öl auf Leinwand, oil on canvas | 30 x 24 cm

▶ **Weite, Sighnaghi**
Wideness, Sighnaghi
2017 | Öl auf Leinwand, oil on canvas | 100 x 120 cm

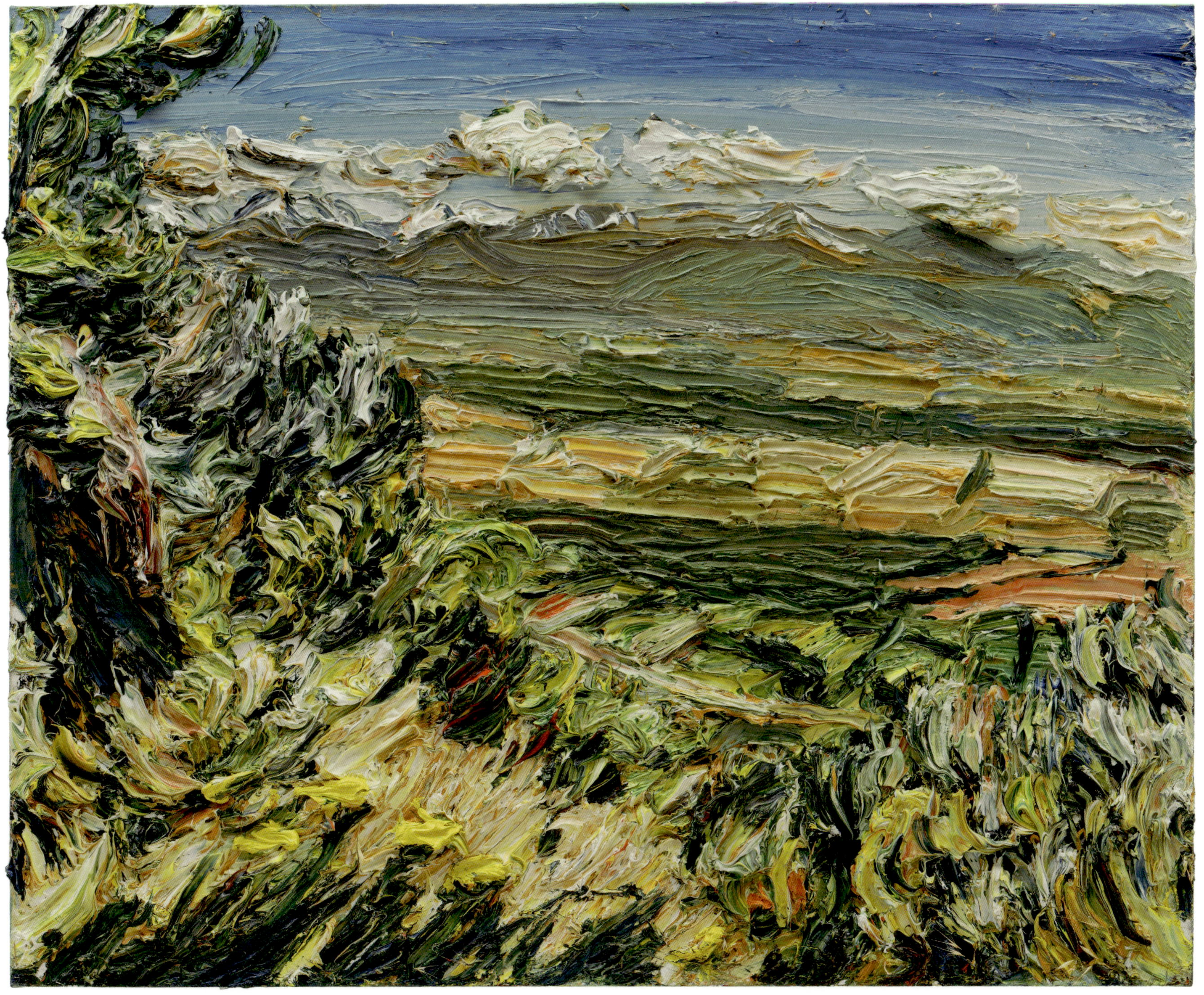

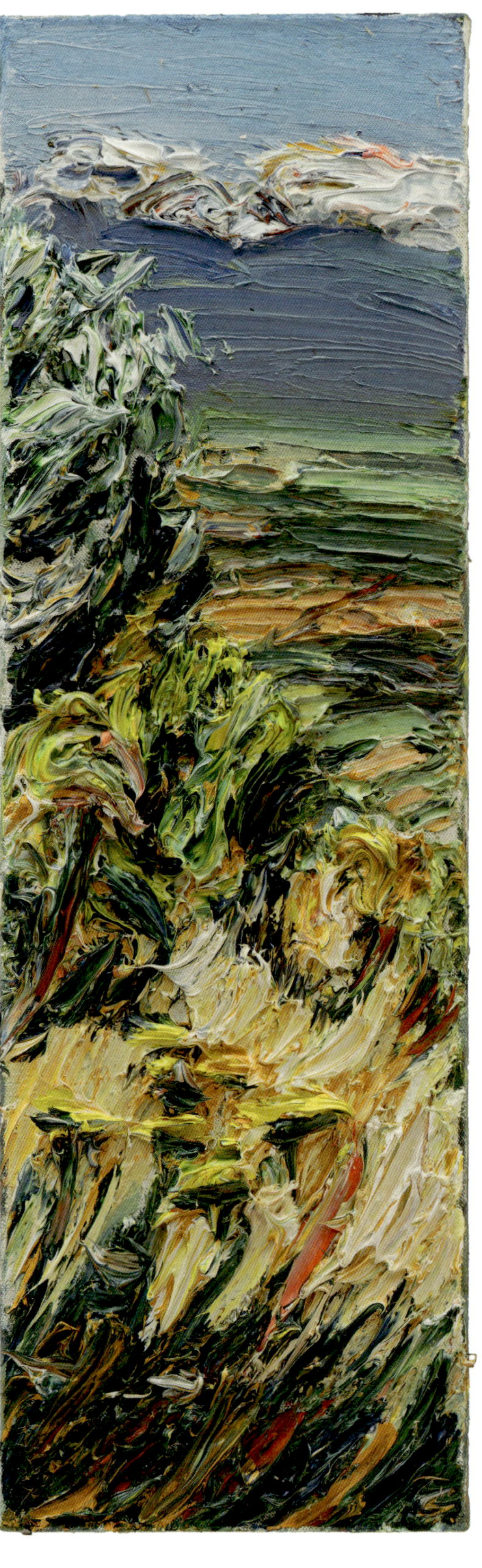

Blick ins Tal, Sighnaghi
View of the Valley, Sighnaghi
2017 | Öl auf Leinwand, oil on canvas | 100 x 30 cm

▶ **Sommertag in Sighnaghi**
Summerday in Sighnaghi
2017 | Öl auf Leinwand, oil on canvas | 60 x 80 cm

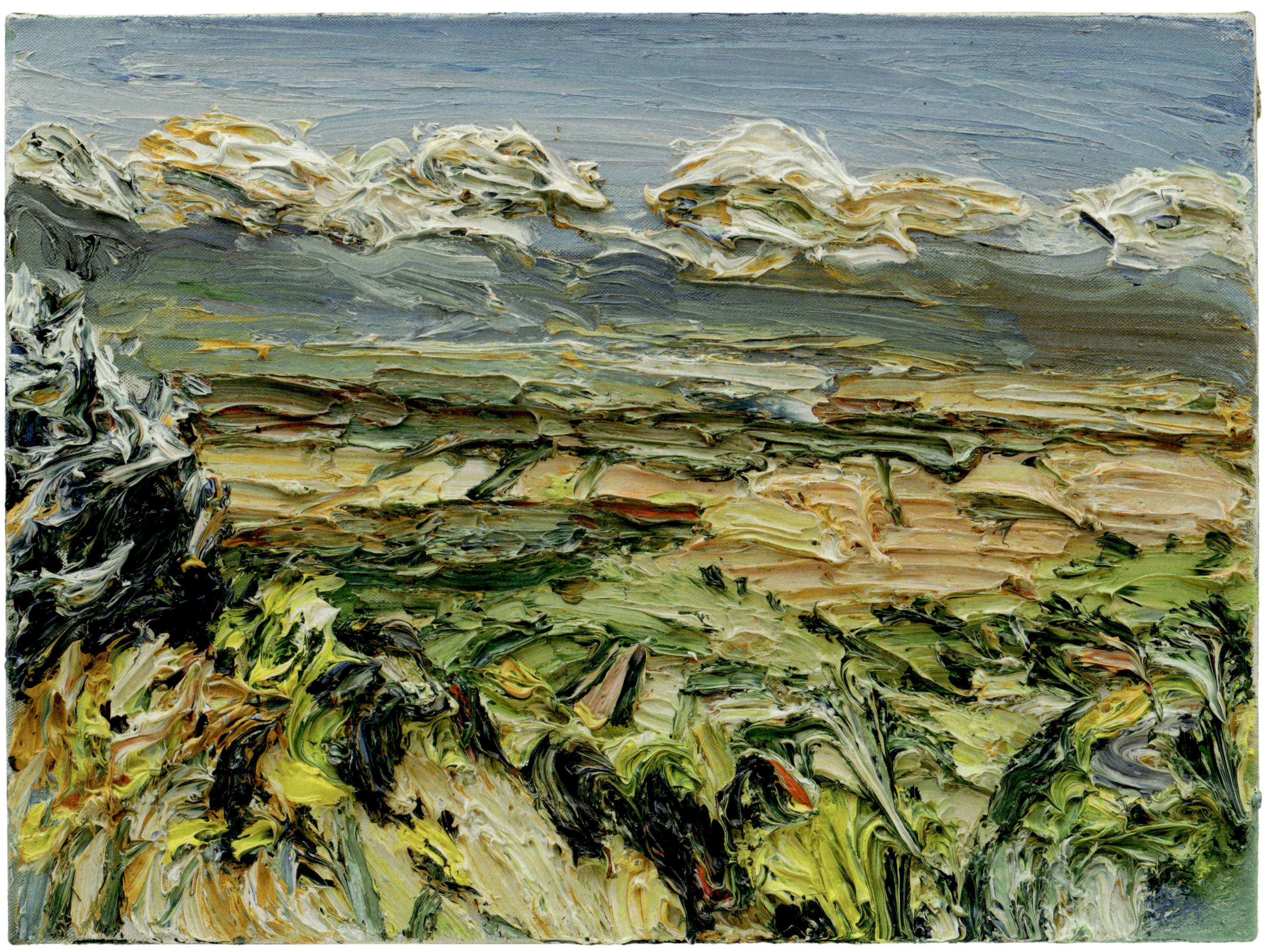

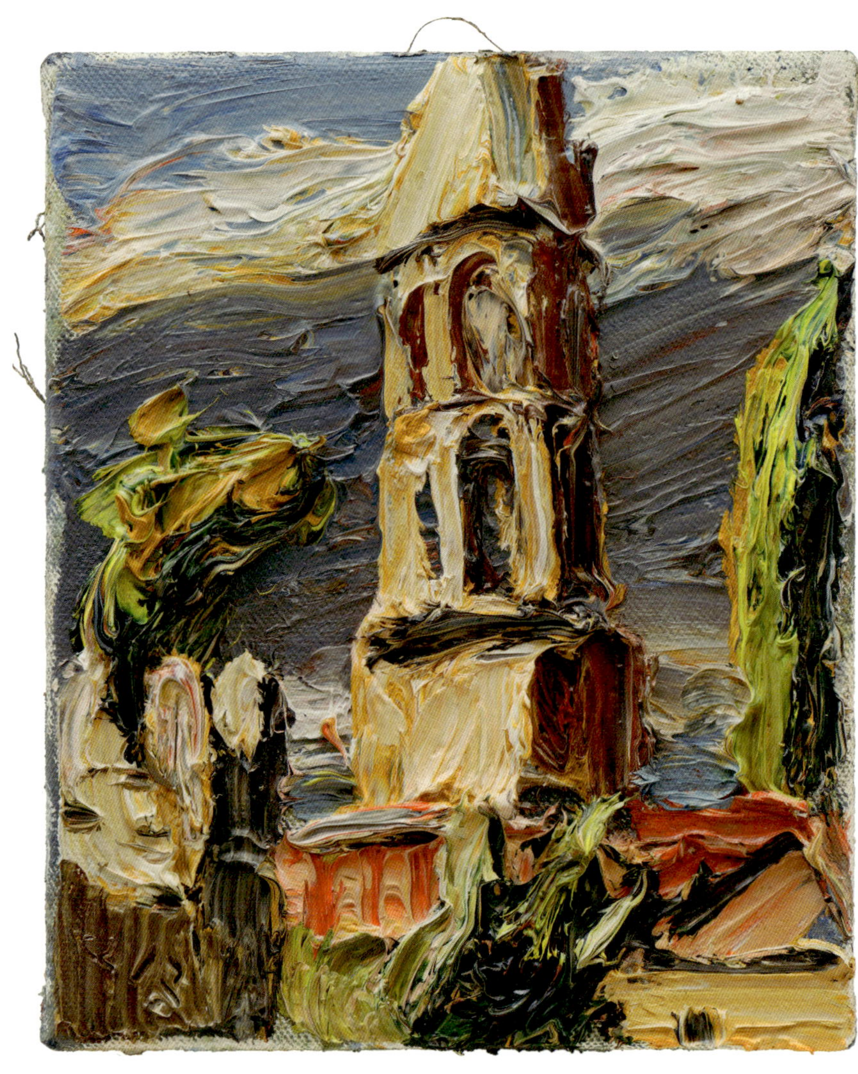

Turm im Abendlicht
Tower in Evening Light
2017 | Öl auf Leinwand, oil on canvas | 30 x 24 cm

▶ **Abendlicht in Sighnaghi**
Sighnaghi in Evening Light
2017 | Öl auf Leinwand, oil on canvas | 80 x 100 cm

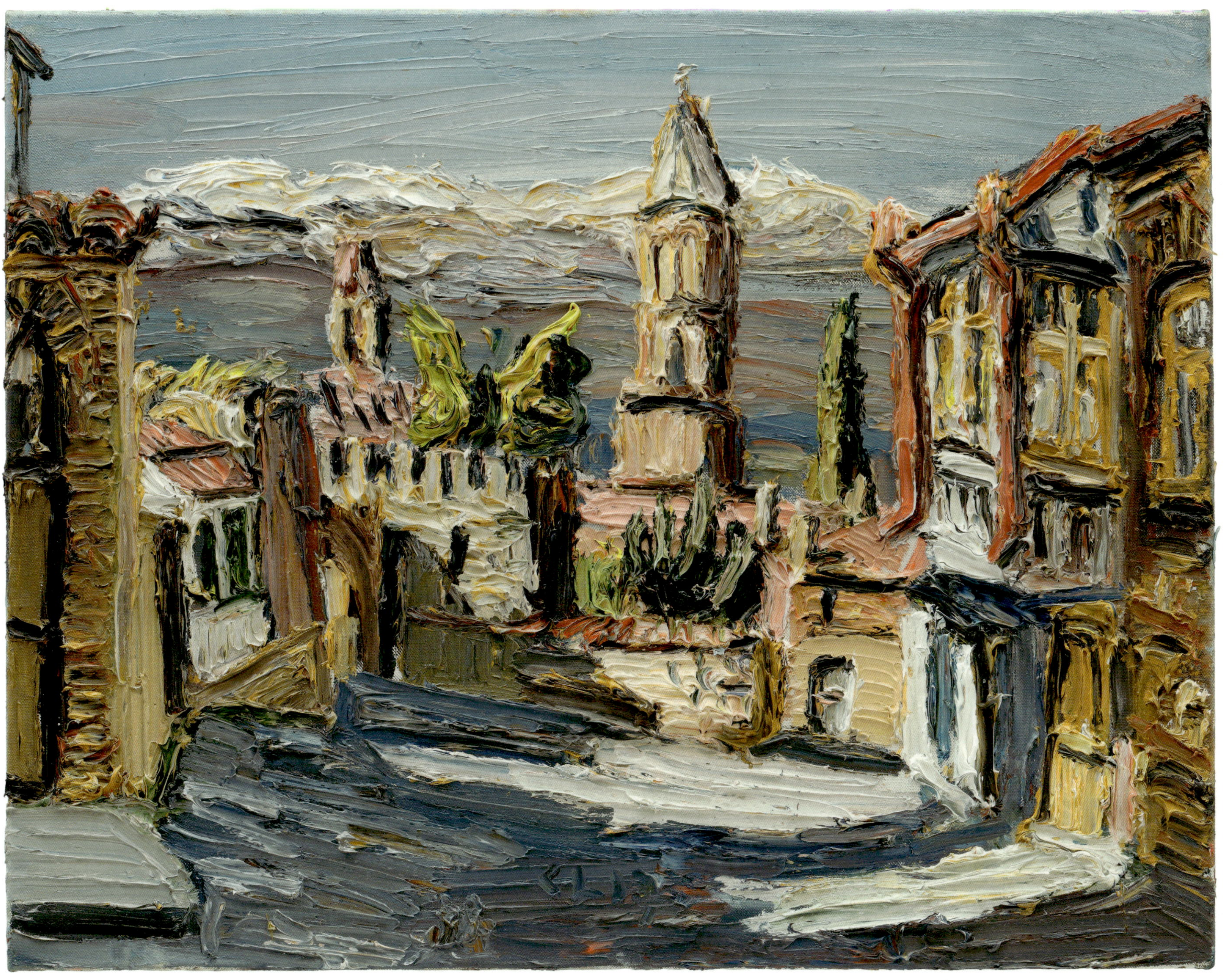

TIFLIS | TBILISI

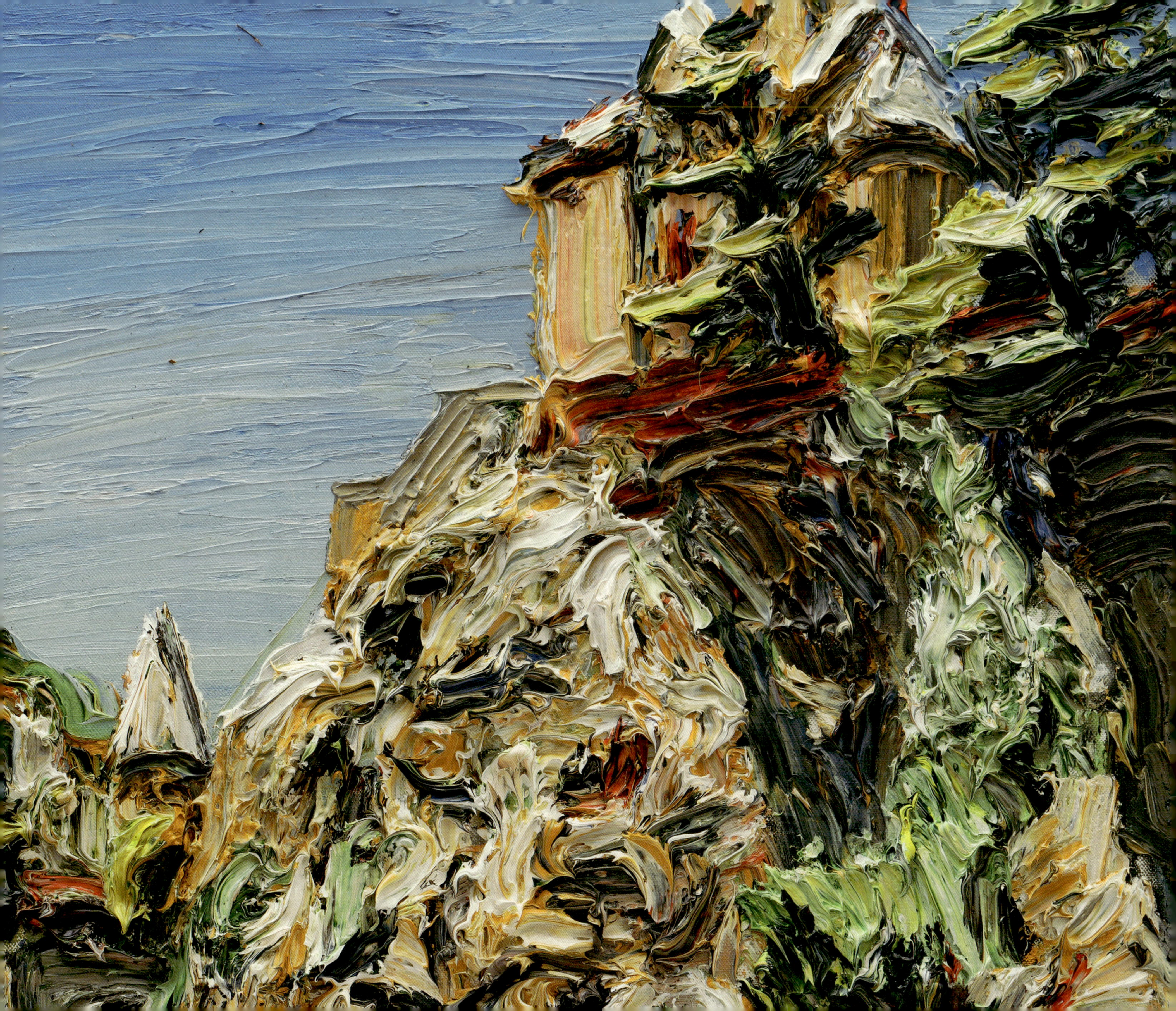

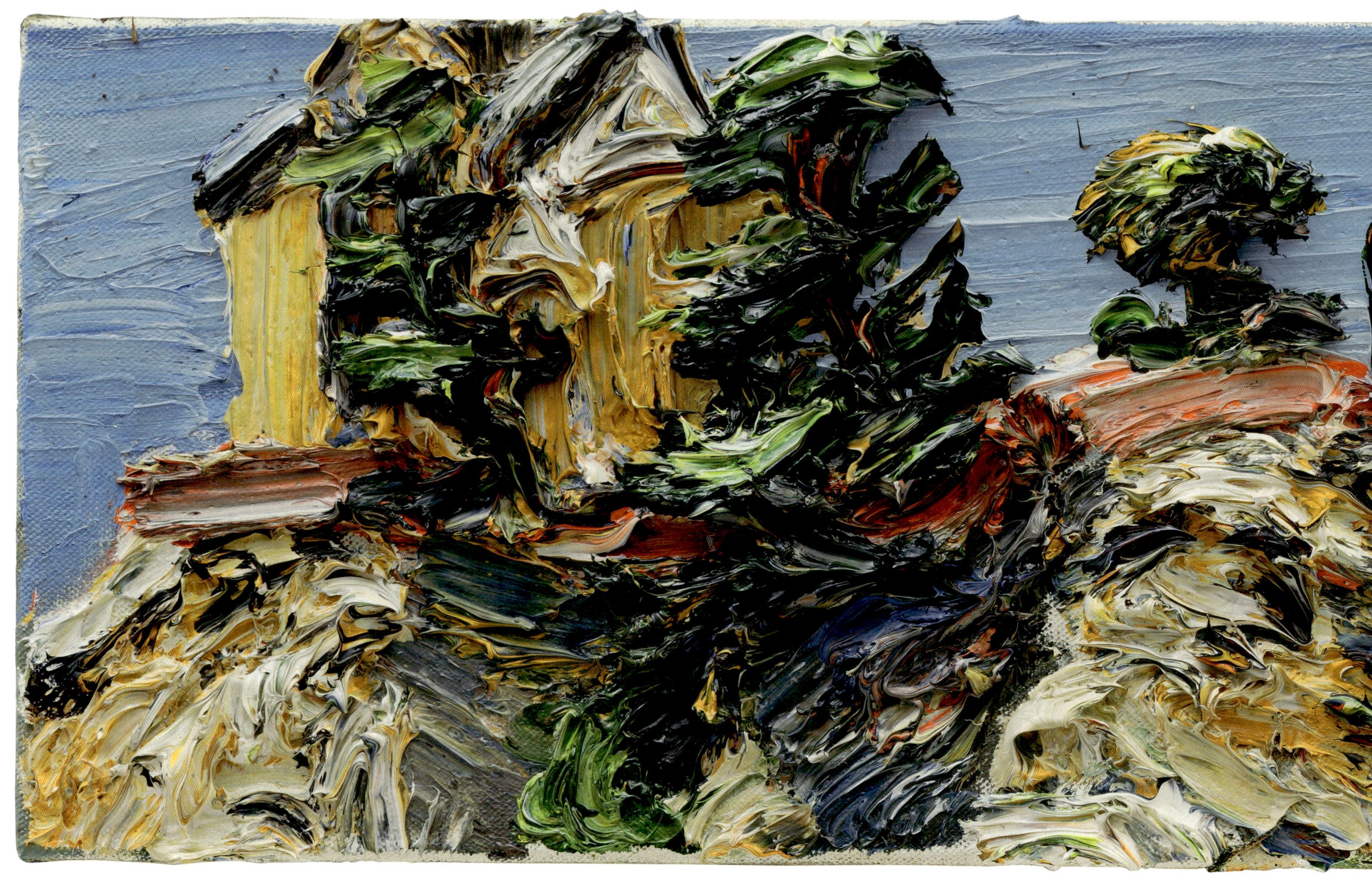

Altstadt auf dem Berg
Old City on the Mountain
2017 | Öl auf Leinwand, oil on canvas | 30 x 100 cm

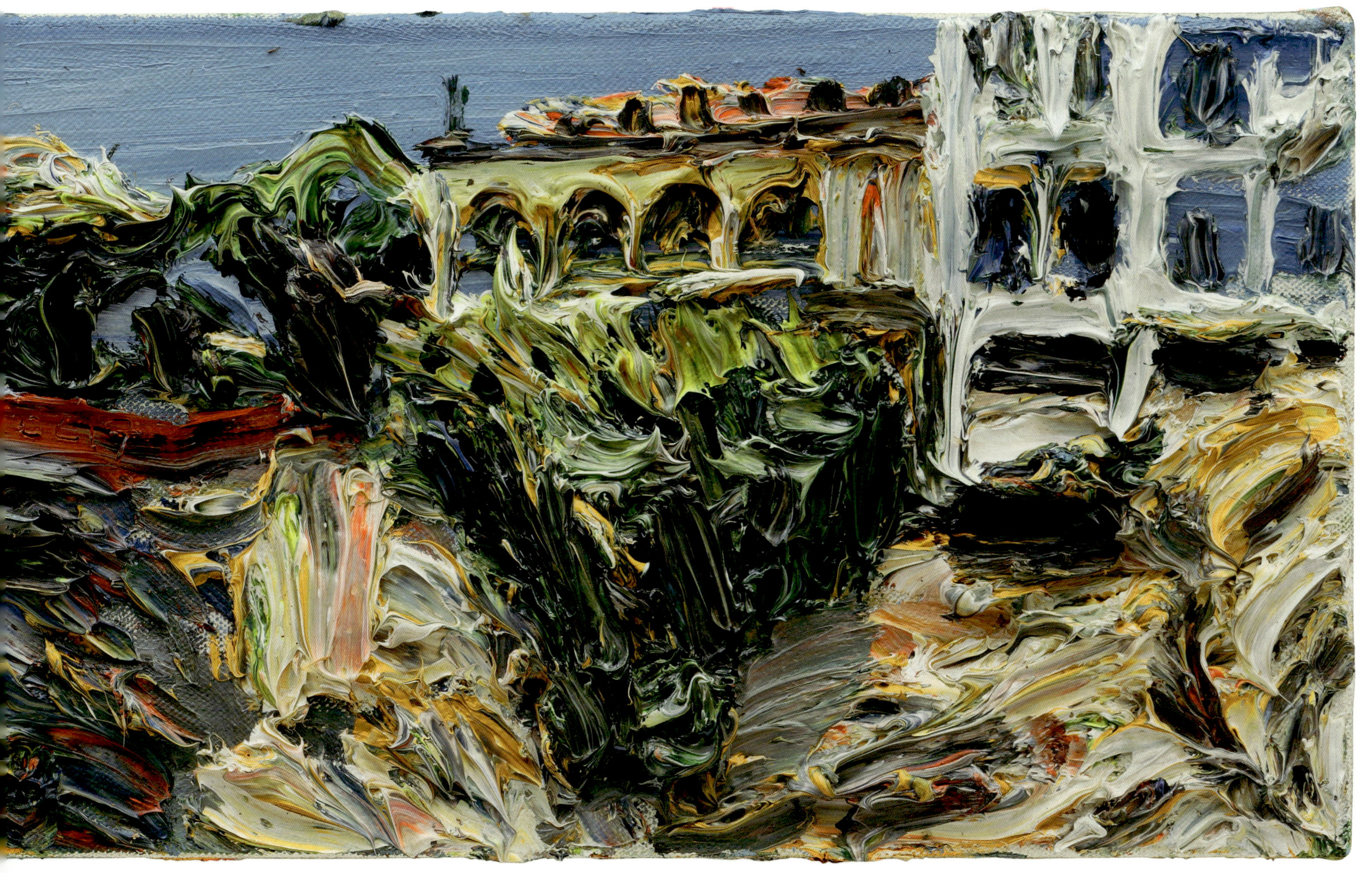

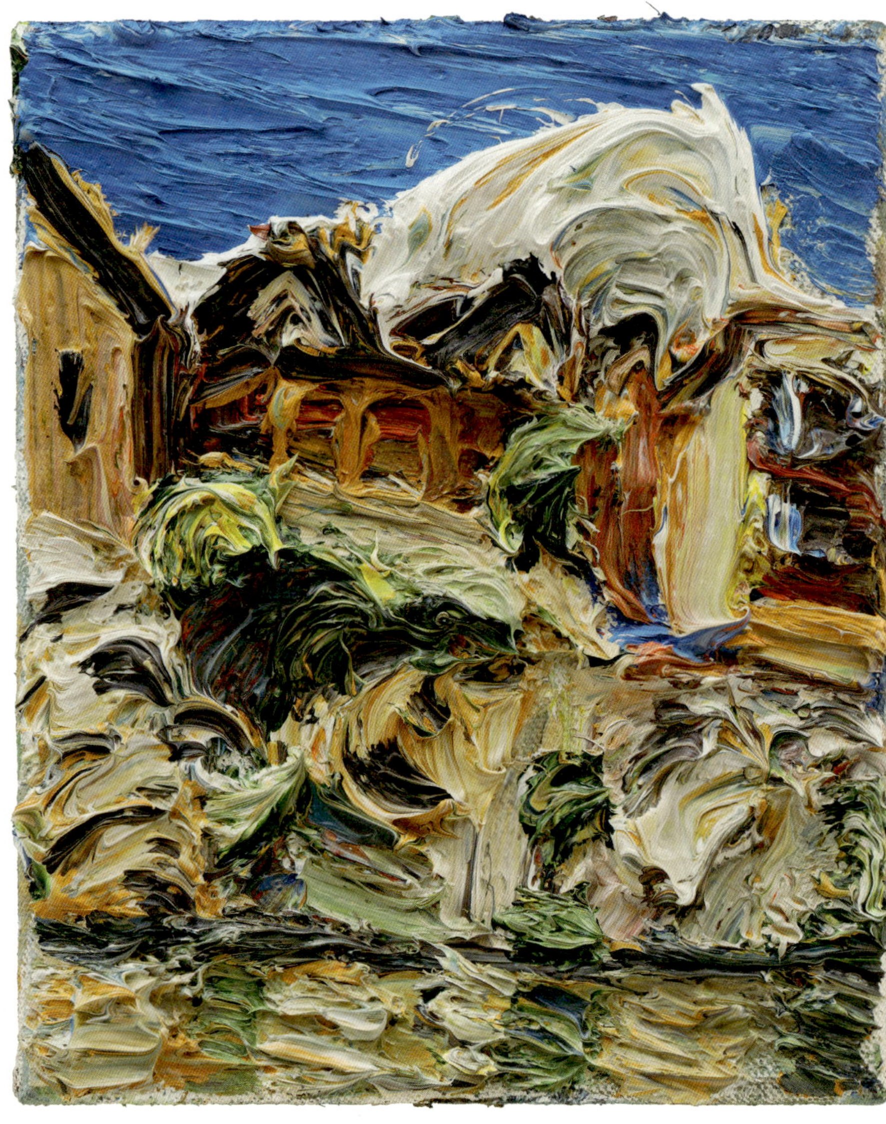

Spiegelung
Reflection
2017 | Öl auf Leinwand, oil on canvas | 30 x 24 cm

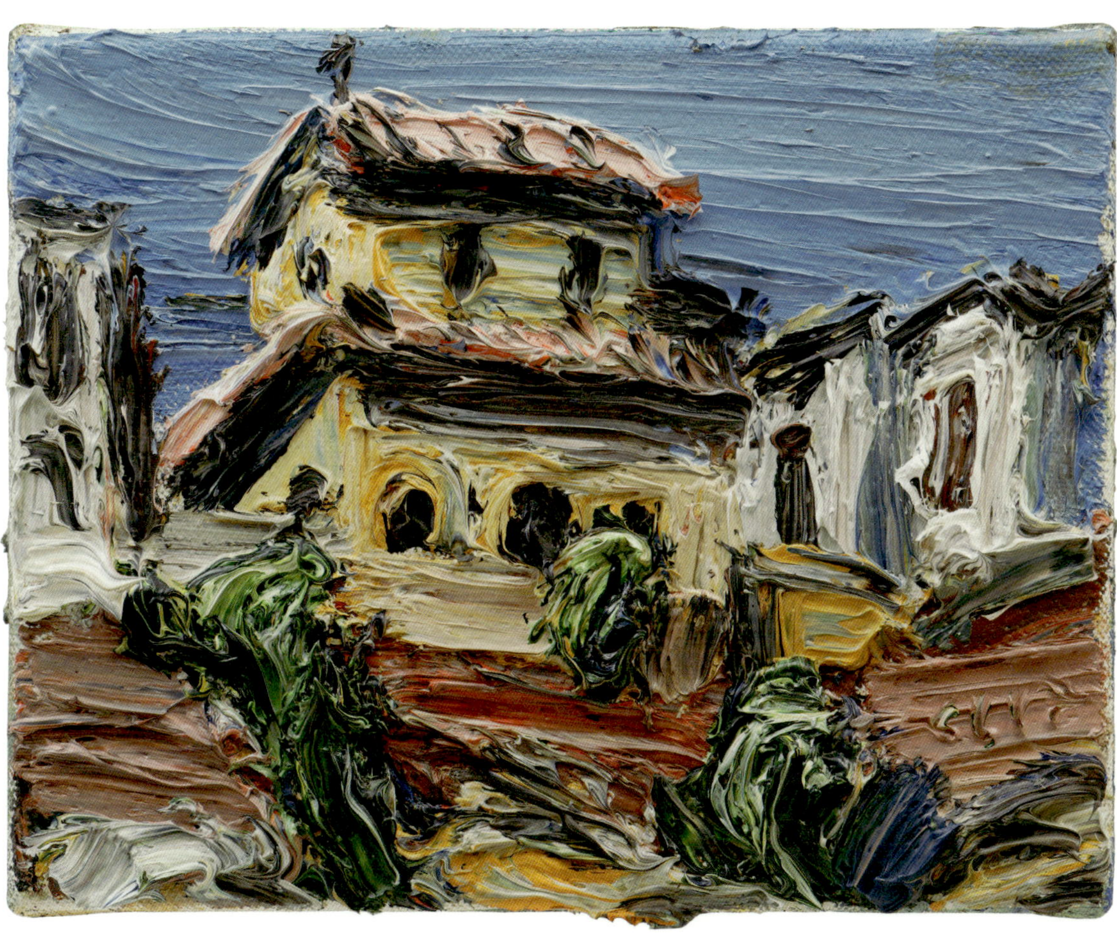

Alte Kirche, Tiflis
Old Church, Tbilisi
2017 | Öl auf Leinwand, oil on canvas | 24 x 30 cm

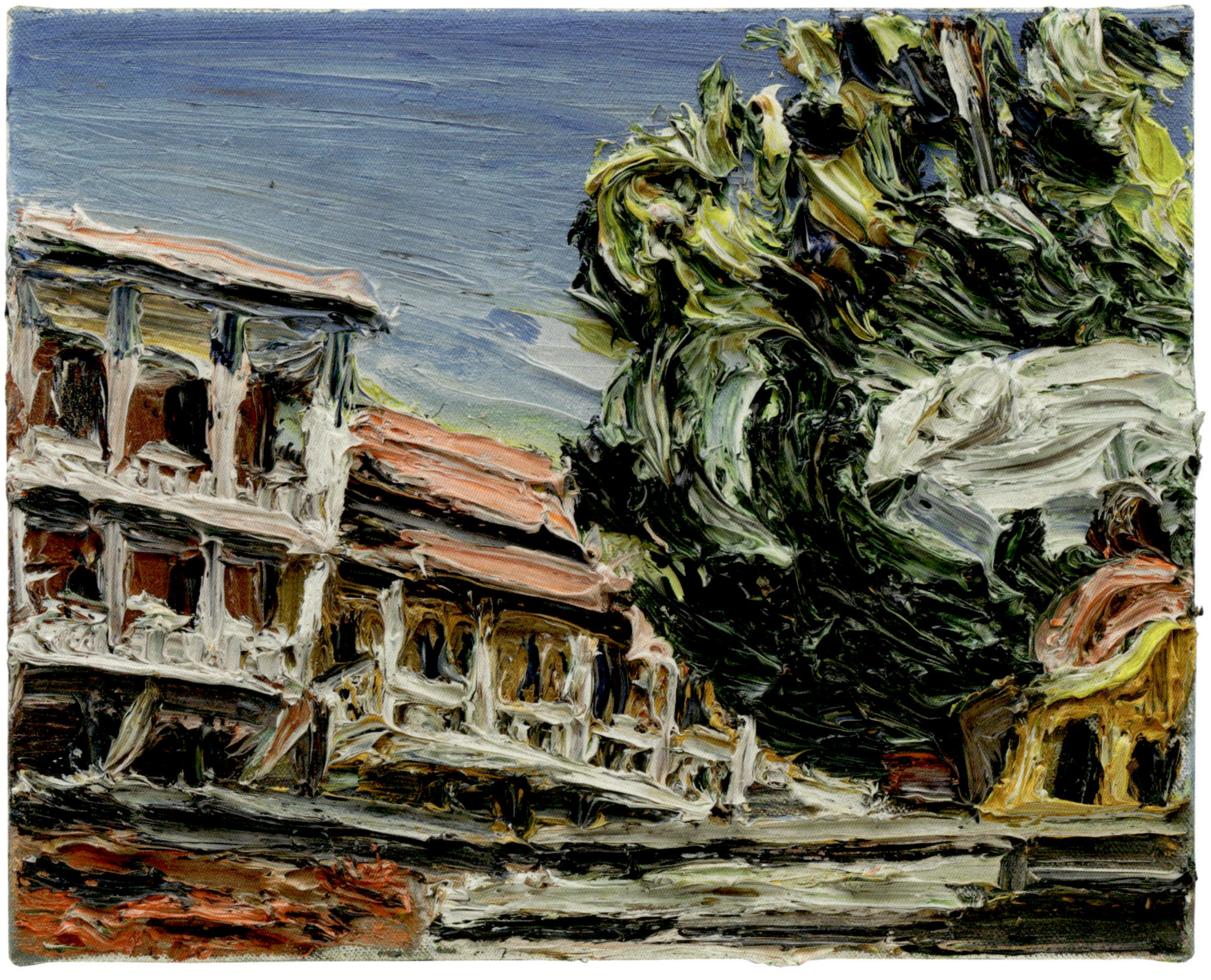

Straßenszene, Tiflis
Street Scene, Tbilisi
2017 | Öl auf Leinwand, oil on canvas | 40 x 50 cm

▶ **Spiegelung am Kura, Tiflis**
Reflection on the Kura, Tbilisi
2017 | Öl auf Leinwand, oil on canvas | 100 x 120 cm

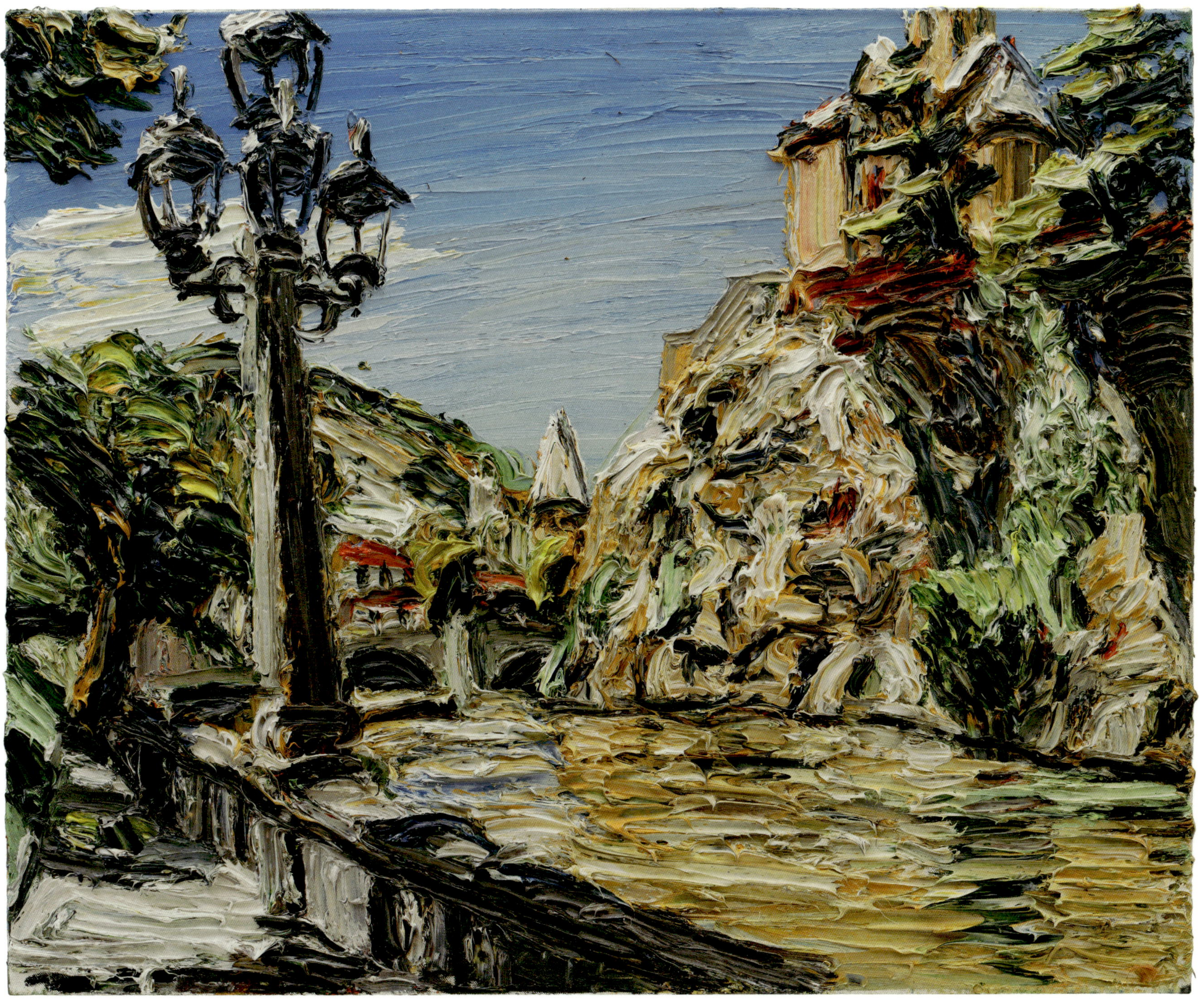

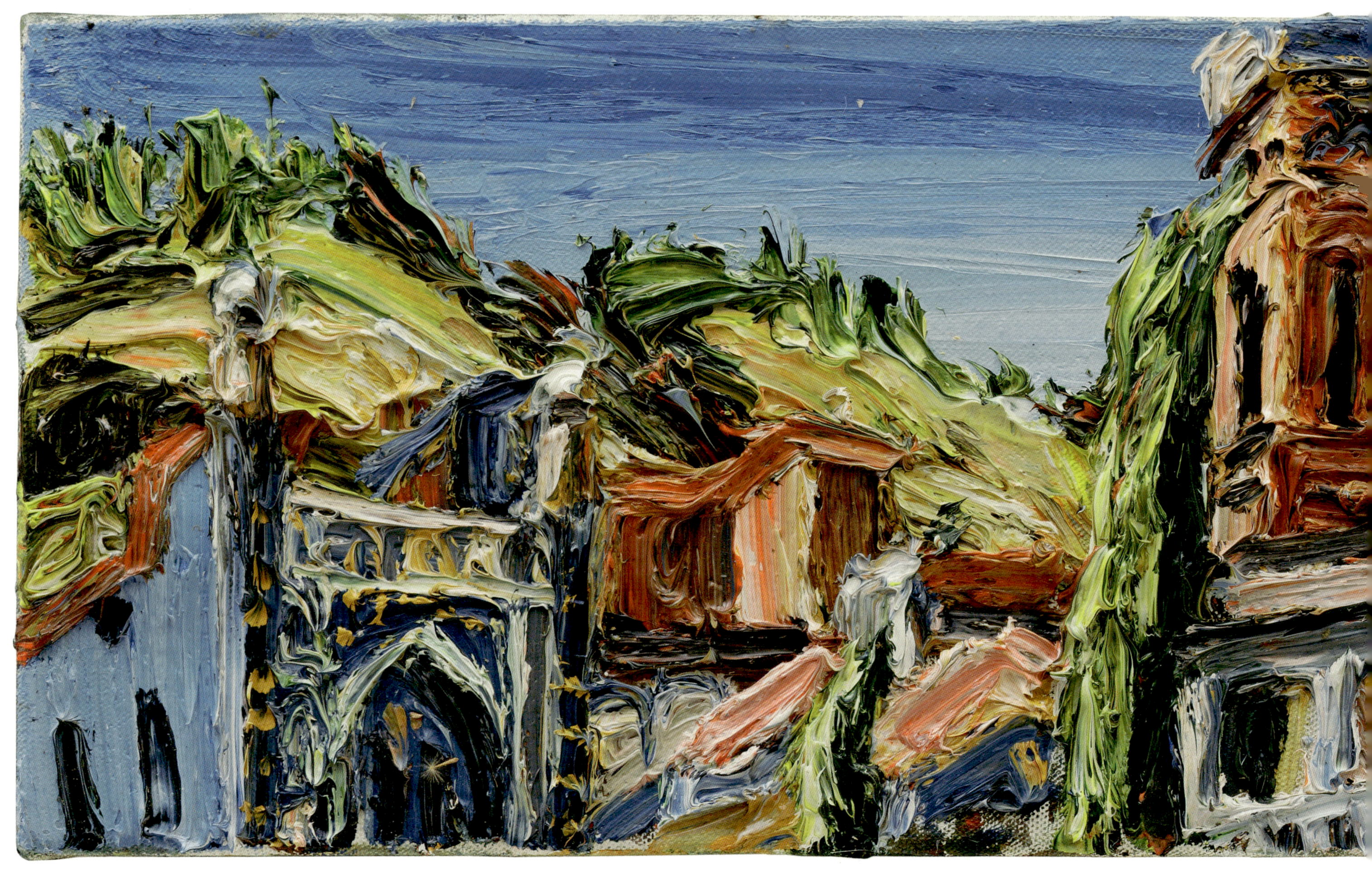

Altstadt-Panorama, Tiflis
Old City Panorama, Tbilisi
2017 | Öl auf Leinwand, oil on canvas | 30 x 100 cm

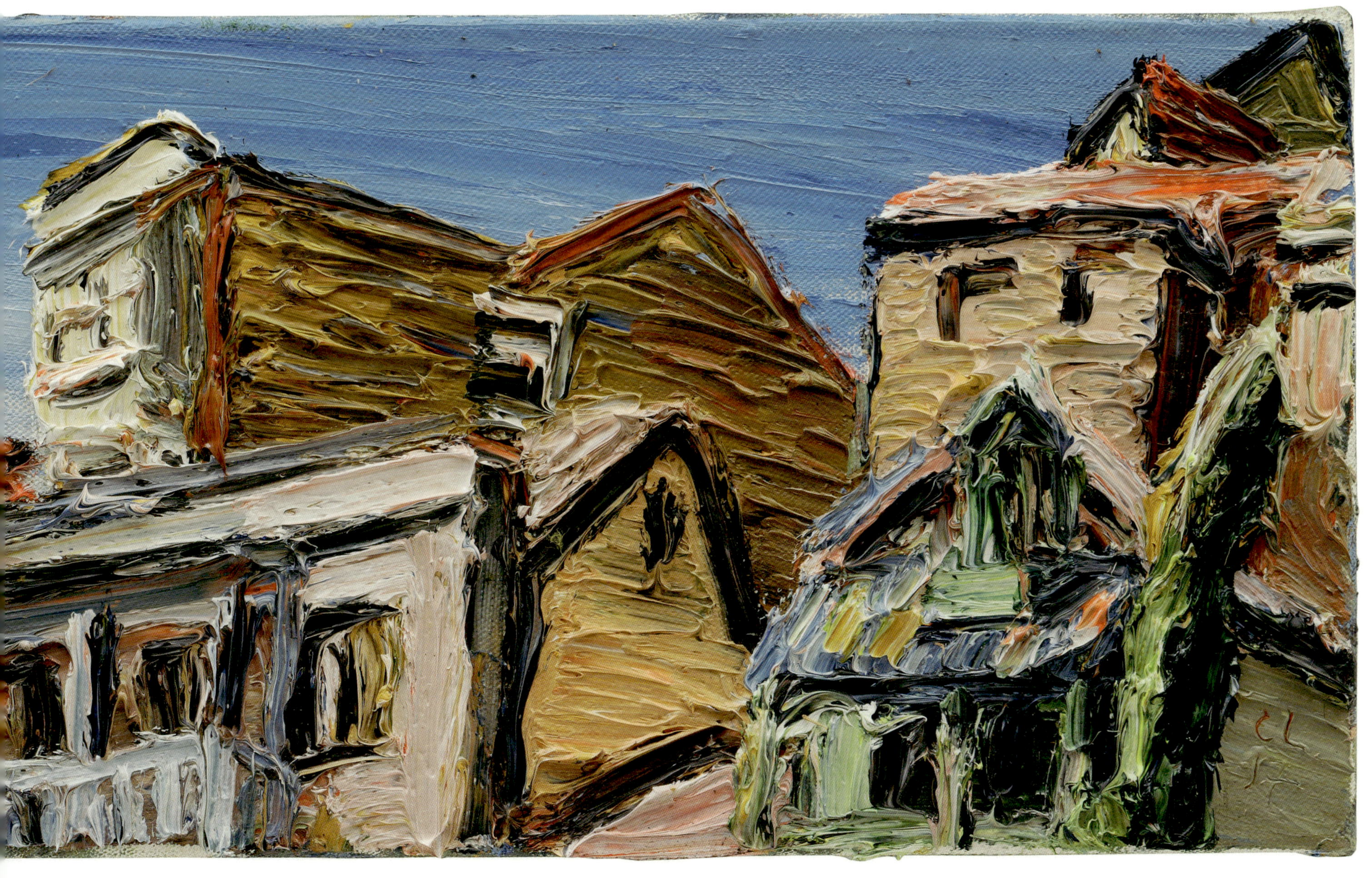

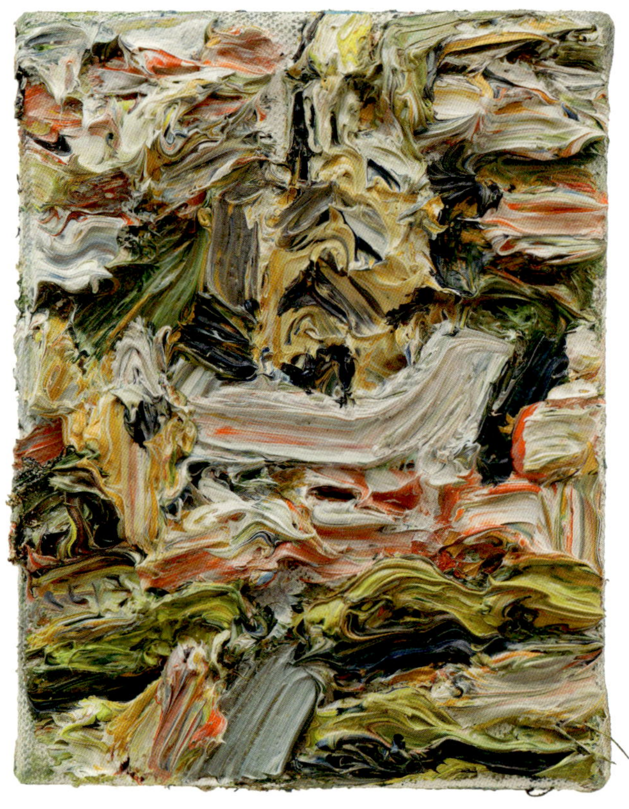

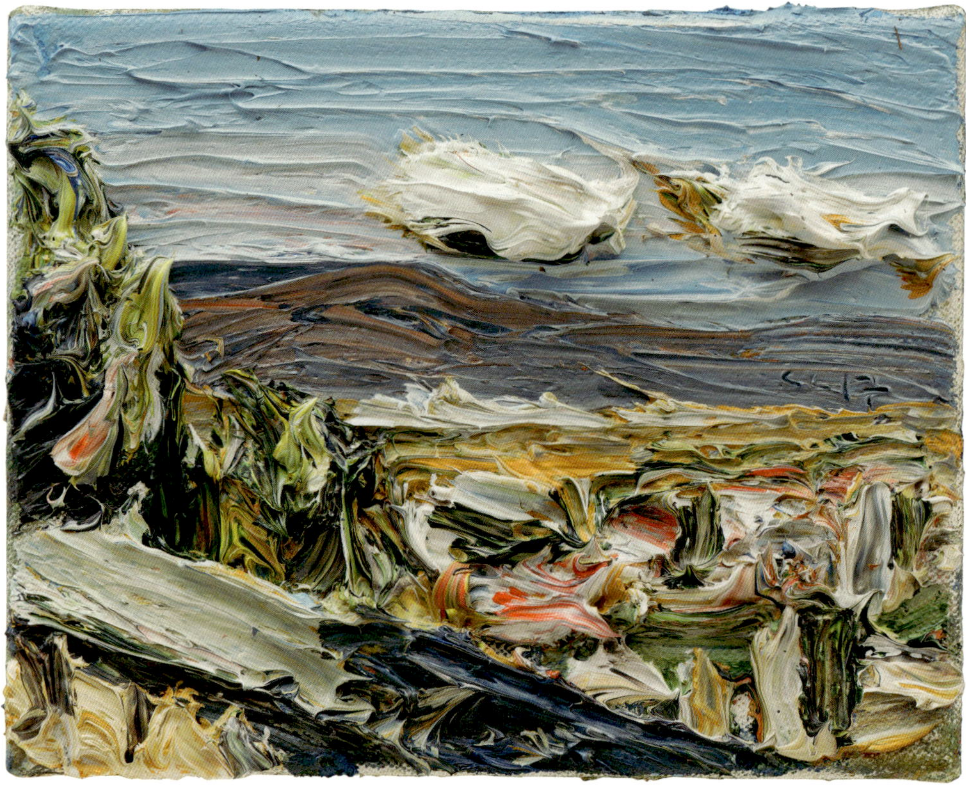

Dreifaltigkeistkirche, Tiflis
Trinity Cathedral, Tbilisi
2017 | Öl auf Leinwand, oil on canvas | 24 x 18 cm

Blick auf Tiflis
View on Tbilisi
2017 | Öl auf Leinwand, oil on canvas | 24 x 30 cm

▶ **Tiflis von oben**
View from above on Tbilisi
2017 | Öl auf Leinwand, oil on canvas | 60 x 80 cm

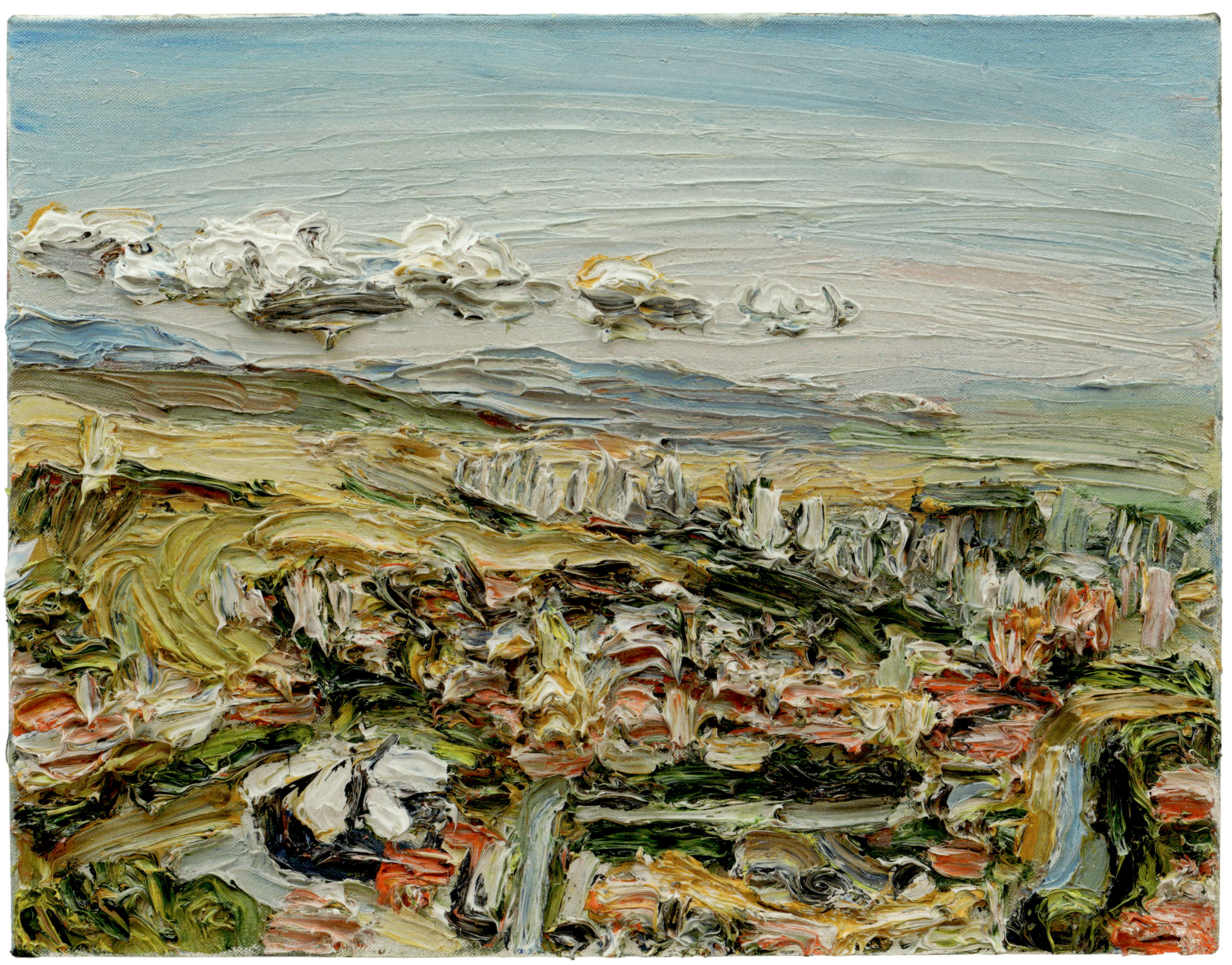

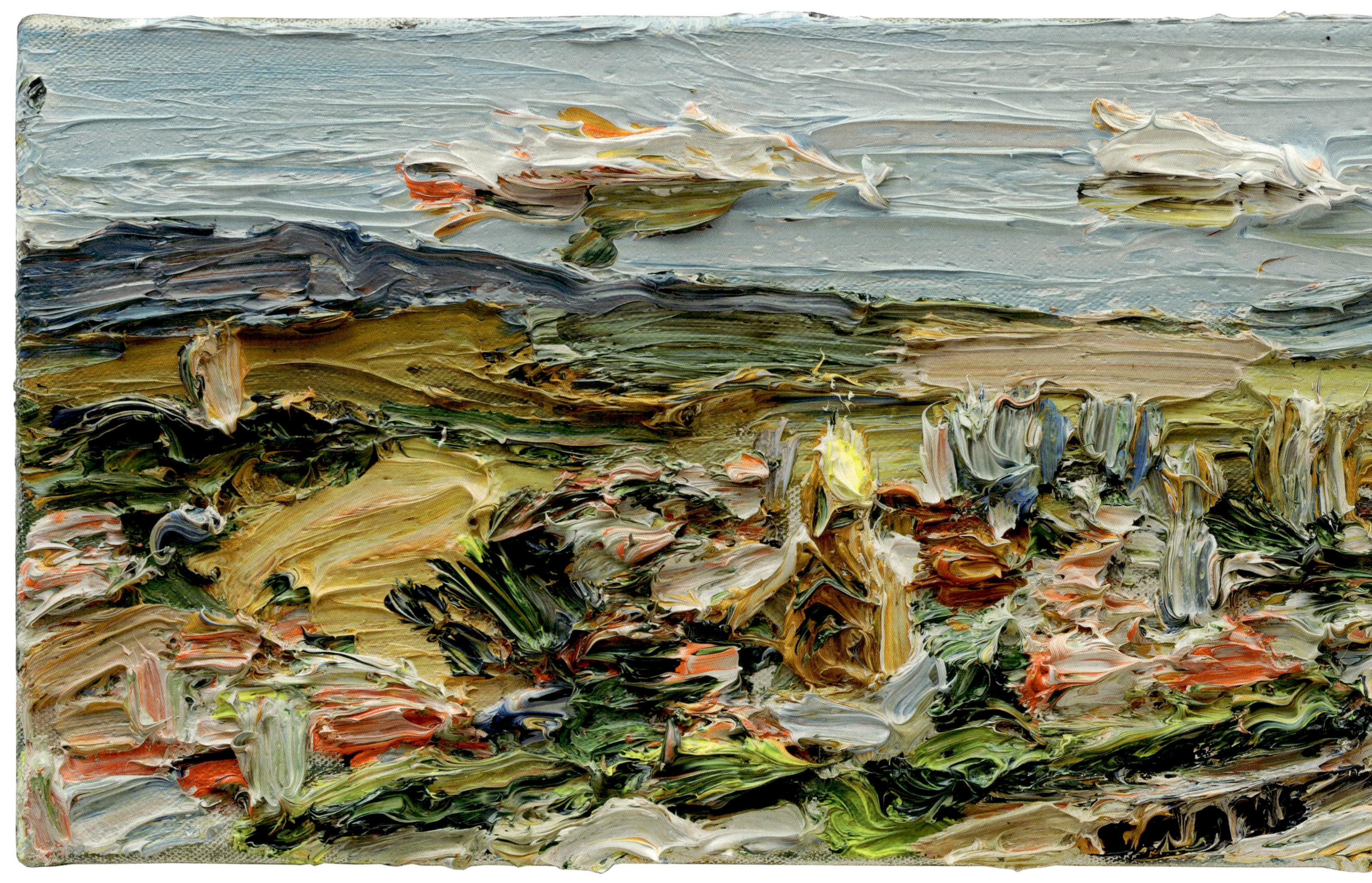

Tiflis-Panorama

Tbilisi Panorama

2017 | Öl auf Leinwand, oil on canvas | 30 x 100 cm

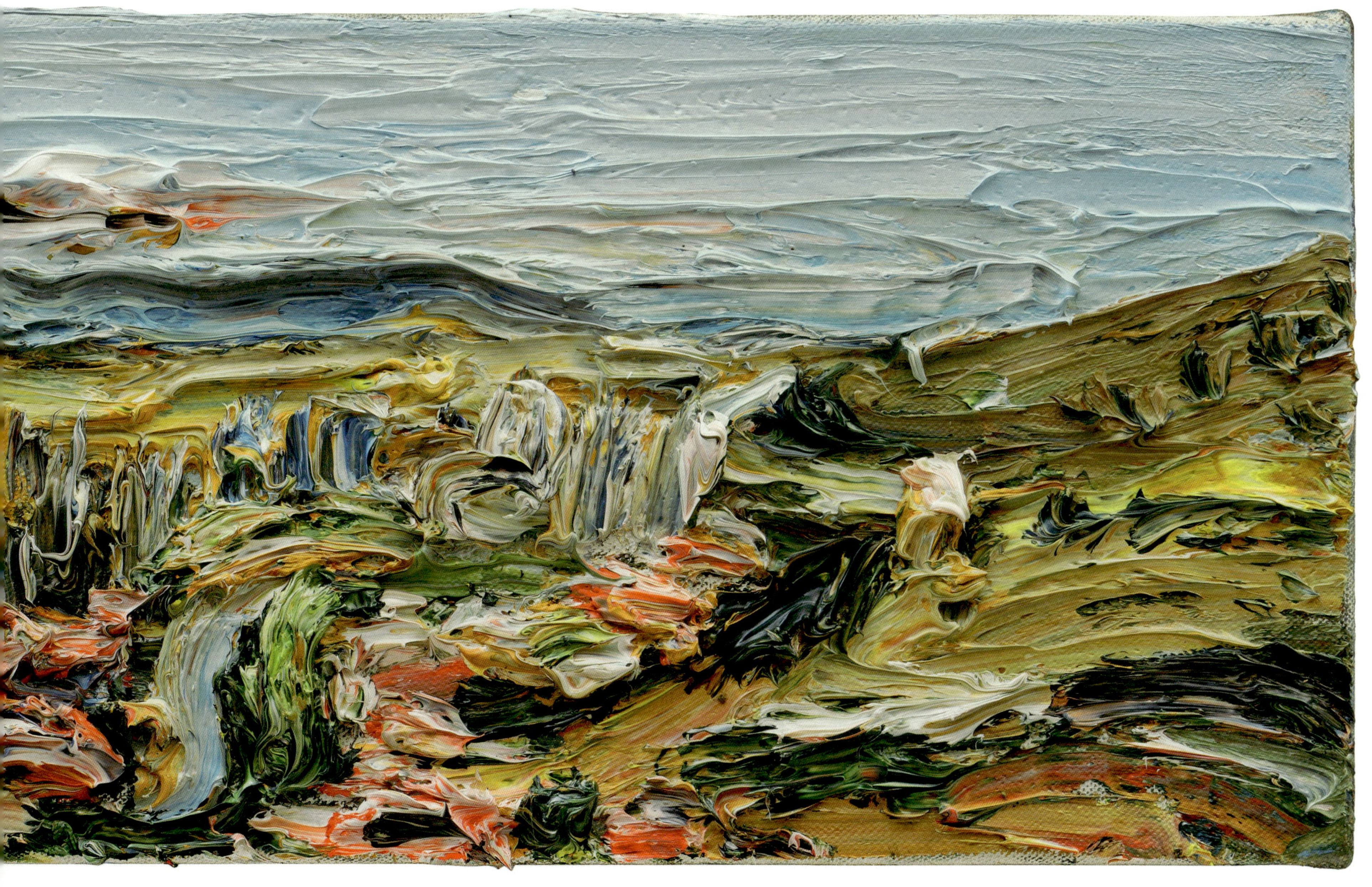

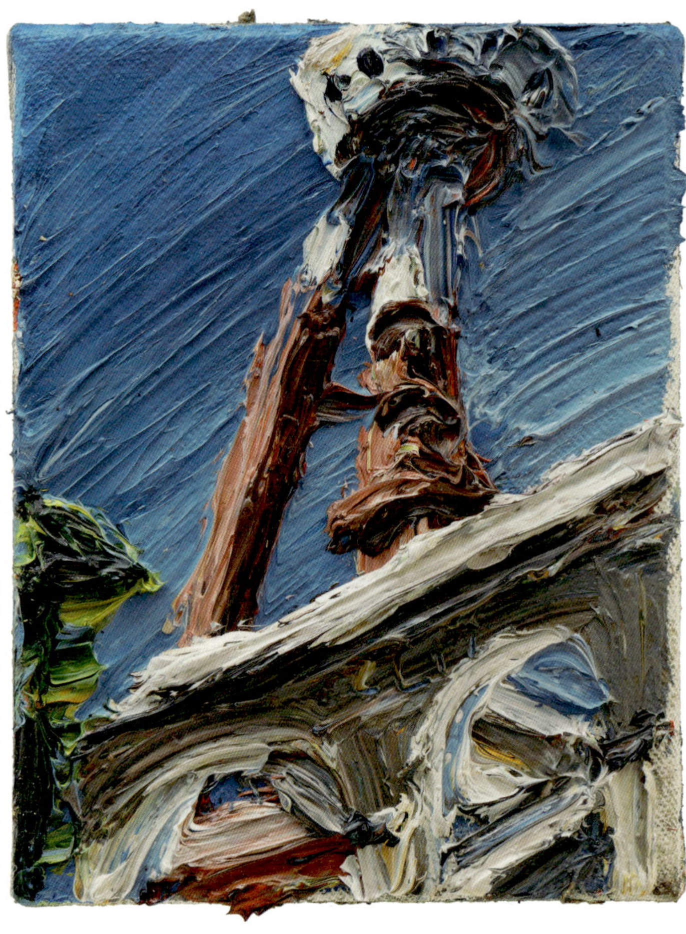

Fernsehturm, Tiflis
Television Tower, Tbilisi
2017 | Öl auf Leinwand, oil on canvas | 24 x 18 cm

Biografie

1972 in Berlin geboren
1985–1992 Malunterricht bei Wolfgang Prehm
1992 Abitur
1992–1998 Studium der Malerei an der Hochschule der Künste (HdK), Berlin, in der Klasse von Professor Klaus Fußmann
1996 Mal- und Studienreise nach Lappland
1997 Malreise nach Australien
1998 Ernennung zum Meisterschüler von Klaus Fußmann
GASAG-Kunstpreis · Mitglied im Verein Berliner Künstler
1999 Mitglied im Künstlersonderbund
2000 Franz-Joseph-Spiegler-Preis, Schloss Mochental, Ehingen
2001 Lehrtätigkeit an der Staatlichen Zeichenakademie, Hanau
Kunstpreis „Salzburg in neuen Ansichten", Schloss Neuhaus, Salzburg
Vorstandsarbeit im Künstlersonderbund bis 2007, seinerzeit diverse Werkstattgespräche mit Mitgliedern des Künstlersonderbundes
2002 Lehrtätigkeit an der staatlichen Zeichenakademie, Hanau
Mitglied in der Neuen Gruppe, München
Malreisen nach Italien und China
2003 Mitglied bei den Norddeutschen Realisten · Malreisen in die Provence, auf die Azoren und nach Indien
2004 Malreisen nach Irland, Amsterdam, Italien und Kalifornien
Lehrtätigkeit an der Akademie Vulkaneifel, Steffeln
Finalist des Europäischen Kunstpreises 2004 in der Triennale, Mailand
2005 Malreisen nach Irland, Kalifornien und Australien · Hochzeit mit Erika Maxim
2006 Stipendium der Bayerischen Akademie der Schönen Künste, München
Dozent an der Akademie für Malerei, Berlin
2007 Malaufenthalt in Australien · Dozent an der Akademie für Malerei, Berlin
2008 Dozent an der Akademie für Malerei, Berlin · Geburt der Tochter Frida Maria
2009 Dozent an der Akademie für Malerei, Berlin · Auftrag, anlässlich des 20-jährigen Jubiläums zur Wiedervereinigung, alle 16 Bundesländer zu malen · Reise nach Wuhan, China
2010 Dozent an der Akademie für Malerei, Berlin · Atelierstipendium Wollerau, Peach Propertys Group, Schweiz
2011 Veröffentlichung der Werkmonografie *Berlin Plein Air. Malerei 1995–2010* im Architekturverlag DOM Publishers
Malreise nach Kalifornien und an den Golf von Neapel · Kunstpreis der Kulturstiftung der Sparkasse Karlsruhe
2012 Malreise in die Toskana und nach Rumänien
Große Werkschau *Berlin Plein Air 1995–2012* in der Alten Münze, Berlin, Eröffnung durch Kulturstaatsminister Bernd Neumann
2013 Kunstpreis der Schleswig-Holsteinischen Wirtschaft an die Norddeutschen Realisten
2014 Malreise in die Toskana
Dozent an der Akademie für Malerei, Berlin
2015 Reisen nach Südkorea und Island
2016 Die *Neue Zürcher Zeitung* veröffentlicht erstmals eine Kunstedition mit 22 Zürich-Bildern von Christopher Lehmpfuhl
Die Galerie Carzaniga zeigt erstmals Werke von Christopher Lehmpfuhl auf der ART BASEL
Malreise nach Island
2017 Christopher Lehmpfuhl zeigt erstmals ein Werk aus dem *Schlossplatz*-Zyklus im Rahmen des Spendentages und Tag der offenen Baustelle im Foyer des Humboldtforums · Malreise nach Georgien · Dozent an der Akademie für Malerei, Berlin
2018 Baumkunstpreis 2018 der Schleswig-Holsteinischen Landesmuseen, Schloss Gottorf

Biography

1972 born in Berlin
1985–1992 Studies painting, private painting lessons with Wolfgang Prehm
1992 Abitur (General Higher Education Entrance Qualification)
1992–1998 Studies painting at the Hochschule der Künste (HdK) in Berlin in Professor Klaus Fußmann's class
1996 Scholarly and painting travels to Lapland
1997 Painting trip to Australia
1998 Accepted in Klaus Fußmann's master class · receives GASAG-Kunstpreis · becomes a member of the artists' association Verein Berliner Künstler
1999 Becomes a member of the artists' association Künstlersonderbund
2000 Franz-Joseph-Spiegler-Preis, Schloss Mochental, Ehingen
2001 Teaches at the Staatliche Zeichenakademie, Hanau · receives the "Salzburg in neuen Ansichten" award, Schloss Neuhaus, Salzburg
Serves as a board member of the Künstlersonderbund (until 2007) and leads many artists' discussions with association members
2002 Teaches at the Staatliche Zeichen-akademie, Hanau · becomes a member of the artists' association Neue Gruppe in Munich · painting trip to Italy and China
2003 Member of the artists' group Norddeutsche Realisten
Painting trips to Provence, the Azores, and India
2004 Painting trips to Ireland, Amsterdam, Italy, and California
Teaches at the Akademie Vulkaneifel, Steffeln
Finalist for Lexmark European Art Prize, Triennale di Milano
2005 Painting trips to Ireland, California, and Australia · marriage to Erika Maxim
2006 Grant from the Bayerische Akademie der Schönen Künste in Munich
Lecturer at the Akademie für Malerei in Berlin
2007 Painting trip to Hunter Valley and Ayers Rock, Australia, with exhibit at Ray Hughes Gallery in Sydney
Lecturer at the Akademie für Malerei in Berlin
2008 Lecturer at the Akademie für Malerei in Berlin · birth of daughter Frida Maria
2009 Lecturer at the Akademie für Malerei in Berlin · commissioned to paint all 16 states for the 20th anniversary of Germany's reunification · visit and exhibition in Wuhan, China
2010 Lecturer at the Akademie für Malerei in Berlin · Peach Property Group artist's residency in Wollerau, Switzerland
2011 The monograph *Berlin Plein Air. Malerei von 1995–2010* is published by the architecture publishing company DOM Publishers
Painting trip to California and the Gulf of Naples · Kunstpreis der Kulturstiftung der Sparkasse Karlsruhe
2012 Painting trip to Tuscany and Romania
Solo survey exhibition *Berlin Plein Air. Malerei 1995–2012* is opened by Bernd Neumann, the German Commissioner for Culture and the Media, in the Alte Münze in Berlin
2013 Kunstpreis der Schleswig-Holsteinischen Wirtschaft is awarded to the Norddeutsche Realisten
2014 Painting trip to Tuscany · lecturer at the Akademie für Malerei in Berlin
2015 Trips to South Korea and Iceland
2016 The *Neue Zürcher Zeitung* publishes an Art edition for the first time with 22 Zurich paintings by Christopher Lehmpfuhl · for the first time the artwork of Christopher Lehmpfuhl is shown at ART BASEL by Galerie Carzaniga, Basel · scholary travel to Iceland · lecturer at the Akademie für Malerei in Berlin
2017 Painting trip to Georgia · lecturer at the Akademie für Malerei in Berlin
2018 Art Prize "Baumkunstpreis 2018" der Schleswig-Holsteinischen Landesmuseen, Schloss Gottorf

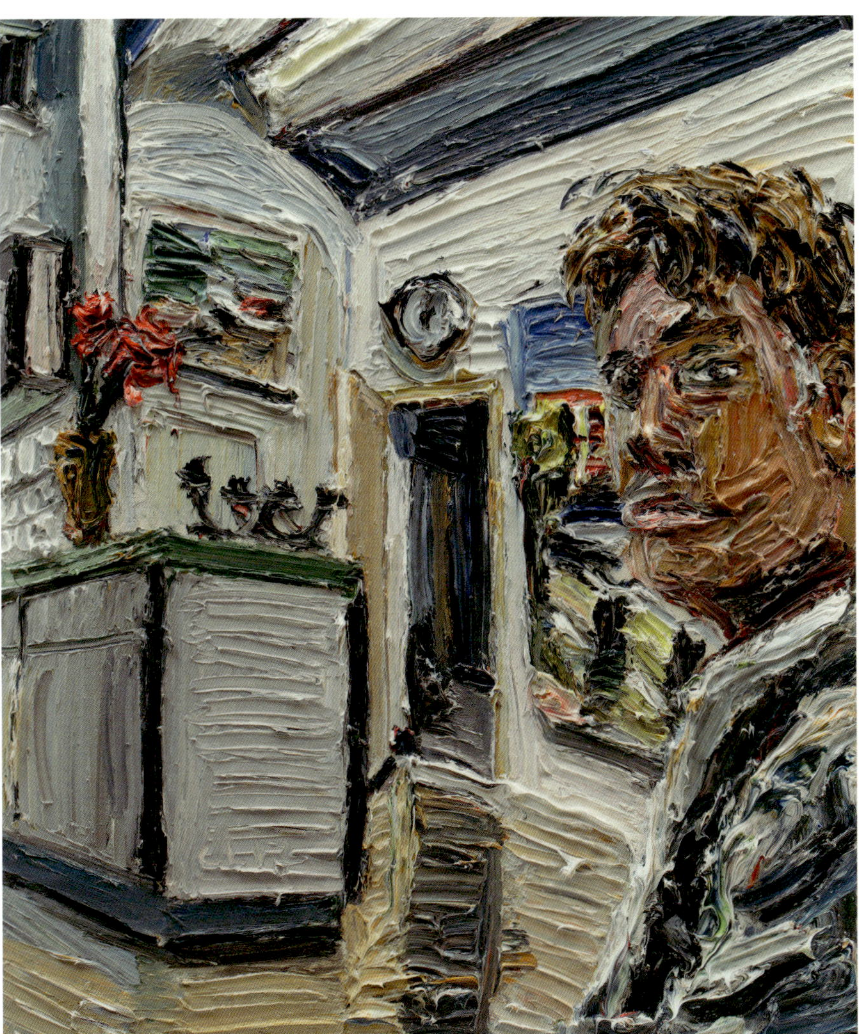

Selbstporträt
Self Portrait
2017 | Öl auf Leinwand, oil on canvas | 100 x 80 cm

Studienreisen

Australien · Ägypten · Azoren · China · Dänemark · Deutschland · Frankreich · Georgien · Indien · Irland · Island · Italien · Lappland · Malaysia · Mexiko · Nepal · Neuseeland · Niederlande · Österreich · Portugal · Rumänien · Schweiz · Spanien · Südkorea · USA

Scholarly Travels

Australia · Austria · Azores · China · Denmark · Egypt · France · Germany · Georgia · India · Ireland · Iceland · Italy · Lapland · Malaysia · Mexico · Nepal · New Zealand · Netherlands · Portugal · Romania · Spain · South Korea · Switzerland · USA

Sammlungen | Pictures in Public Collections

Allianz Berlin · Bundesministerium für Umwelt, Naturschutz, Bau- und Reaktorsicherheit, Berlin · Deutscher Bundestag, Berlin · Deutsches Institut für Normung e.V. (DIN), Berlin · GASAG, Berlin · Sammlung Haas, Berlin · Sammlung Oberwelland, Berlin · Sammlung Hurrle, Durbach · WestLB AG, Düsseldorf · Sammlung Schües, Hamburg · Mecklenburgische Versicherungsgruppe, Hannover · NORD/LB, Hannover · NordseeMuseum Husum · Itzehoer Versicherungen, Itzehoe · Badisches Landesmuseum, Karlsruhe · Städtische Galerie, Karlsruhe · ZKM, Karlsruhe · Sparkassenstiftung Schleswig-Holstein, Kiel · Kölnisches Stadtmuseum, Köln · Schloss Gottorf, Schleswig · Sammlung Würth, Schwäbisch Hall · Kunsthalle Schweinfurt · Nolde Stiftung, Seebüll · Kunstmuseum Solingen · Ulmer Museum, Ulm · Sammlung Bindella, Zürich · Sammlung Block, Hamburg · Kunsthalle Emden · Rudolf-Stolz-Museum, Sexten.

Einzelausstellungen | Solo Shows (Auswahl)

2018 Galerie Müllers, Rendsburg (K) · Art Karlsruhe: Galerie Kornfeld, Berlin (one-man-show) · Galerie Schrade, Karlsruhe (K) · Galerie Kornfeld, Berlin (K) · Kunsthaus Hänisch, Kappeln **2017** Kunsthaus Müllers, Rendsburg · Galerie Schrade, Mochental (K) · Art Karlsruhe (one-man-show), Galerie Schrade, Mochental · Galerie im Fruchtkasten, Kloster Ochsenhausen · Präsentation im Humboldtforum, Berlin · Galerie Kornfeld, Berlin · Burg Knipphausen, Wilhelmshafen · Marburger Kunstverein, Marburg · Fabrik der Künste, Hamburg, in Kooperation mit dem Kunsthaus Müllers · Präsentation für das Museum Würth, Galerie Swiridoff, Schwäbisch-Hall **2016** Kempinski Grand Hotel des Bains, St. Moritz, in Zusammenarbeit mit der Galerie Carzaniga, Basel · Präsentation des *Island*-Zyklus für das Museum Würth, Galerie Swiridoff, Schwäbisch Hall · Rudolf Stolz Museum, Sexten (K) · Stadtgalerie Westerland, Alte Post, Sylt, in Kooperation mit der Galerie Müllers (K) · Kunstmuseum Bensheim, Bensheim (K) · European School of Management and Technology, Berlin · Kurt-Tucholsky Literaturmuseum, Schloss Rheinsberg · ART Karlsruhe: Galerie Meier, Freiburg (one-man-show) · Robert-Köpke Haus, Schieder-Schwalenberg **2015** Galerie Müllers, Rendsburg (K) · KUNST-ZÜRICH (one-man-show), Galerie Carzaniga, Basel · Galerie Tobias Schrade, Ulm · Galerie Swiridoff, Schwäbisch Hall (Präsentation für das Museum Würth) · Galerie Carzaniga, Basel (K) · Galerie Schrade, Karlsruhe (K)· Bode Project Space, Daegu (K) · Itzehoher Versicherung, Itzehoe · Box Freiraum, Berlin · Galerie Ines Schulz, Dresden · Galerie Schrade, Karlsruhe (K) **2014** Galerie Sundermann, Würzburg · Galerie Bode, Nürnberg (K) · Stadtgalerie Alte Post, Westerland/Sylt, in Kooperation mit dem Kunsthaus Müllers, Rendsburg (K) · Ostholstein-Museum, Eutin (K) · NordseeMuseum Husum, Nissenhaus (K), in Kooperation mit Kunst-Kabinett Usedom, Benz · Galerie Ludorff, Düsseldorf (K) **2013** Baumhaus, Wismar, in Kooperation mit der Galerie Meyer, Lüneburg · Coburger Kunstverein, Coburg · Galerie Schrade Schloss Mochental, Ehingen (K) · Art Cologne: Galerie Ludorff, Düsseldorf, (one-man-show) (K) · Galerie Carzaniga, Basel (K) · Kunstverein der Stadt Glauchau · Sparkassengalerie, Schweinfurt · Galerie Netuschil, Darmstadt (K) · Galerie Müllers, Rendsburg (K) · Galerie Swiridoff, Schwäbisch Hall · FAZ Atrium, Berlin **2012** Galerie Berlin · Eröffnung des Restaurants „Santa Lucia" in Bern mit Bildern aus Neapel und der Amalfiküste · Galerie Tobias Schrade, Ulm (K) · Genueser Schiff, Hohwacht · „Terrasse", Zürich (K) · Galerie Swiridoff, Schwäbisch Hall, Präsentation für das Museum Würth · Galerie Meyer, Freiburg (K) · MÜNZE, Berlin, *Berlin – Plein Air. Malerei von 1995–2012*, Eröffnung durch Kulturstaatsminister Bernd Neumann **2011** Brenner's Parkhotel, Baden Baden, in Zusammenarbeit mit Galerie Ludorff, Düsseldorf · Krefelder Kunstverein, in Zusammenarbeit mit der Galerie Ludorff, Düsseldorf · Kunsthaus Müllers, Rendsburg · Galerie Meyer, Lüneburg (K) · Galerie Carzaniga, Basel (K) · Gut Altenkamp, Papenburg: *Christopher Lehmpfuhl. Malerei 1995–2011* · Galerie Sundermann, Würzburg · Galerie Ludorff, *Neue Wege* **2010** Galerie Herold,Hamburg (K) · Sparkassenstiftung Schleswig-Holstein, Kiel (K) · Kunstverein Osterholz e. V. · Galerie Schrade, Karlsruhe (K) · Alte Münze, Berlin (K) · Kunst-Kabinett Usedom, Benz · Galerie Schrade Schloss Mochental, Ehingen (K) · Galerie Swiridoff, Schwäbisch Hall, Präsentation für Museum Würth **2009** Galerie Swiridoff, Schwäbisch Hall, Präsentation für das Museum Würth · Galerie Bode, Nürnberg (K) · Galerie Carzaniga, Basel (K) · Nordsee Museum Husum, Nissenhaus (K) · Galerie Meyer, Lüneburg (K) · Galerie Berlin (K) · Kunsthaus Müllers, Rendsburg **2008** Galerie Sundermann, Würzburg · Galerieim Woferlhof, Bad Kötzting · Galerie Ludorff, Düsseldorf (K) · Galerie Netuschil, Darmstadt · Galerie Meier, Freiburg (K) · Galerie Swiridoff, Schwäbisch Hall, Präsentation für das Museum Würth **2007** Art Karlsruhe: Galerie Berlin (one-man-show) · Galerie Sundermann, Würzburg · Ernst-Ludwig-Kirchner Kunstverein, Fehmarn · Residenz, München, anlässlich der Verleihung des Kunststipendiums der Bayerischen Akademie der Schönen Künste · Galerie Swiridoff, Schwäbisch Hall, Präsentation für das Museum Würth · Galerie Schrade Schloss Mochental, Ehingen (K) · Ray Hughes Gallery, Sydney (K) · Kunst-Kabinett Usedom, Benz (K) **2006** Galerie Berlin (K) · Galerie Schrade & Blashofer, Karlsruhe (K) · Galerie Ludorff, Düsseldorf (K) · Kunst-Kabinett Usedom, Benz · Museum Fähre, Bad Saulgau · Galerie Meyer, Lüneburg **2005** Galerie Lange, Berlin ·

Kunstverein Hohenaschau · Galerie Netuschil, Darmstadt · Galerie Tobias Schrade, Ulm · Galerie Klaus Lea, München, mit Harry Meyer · Galerie Sundermann, Würzburg · Mecklenburgische Versicherungsgruppe in Hannover und der Remise von Schloss Mirow (Müritz), jeweils zusammen mit dem Kunst-Kabinett Usedom, Benz, Buchpräsentation: *Meerlandschaft. Mecklenburg-Vorpommern* · Galerie Schottelius European Fine Arts, San Francisco · Galerie Meier, Freiburg · Galerie Oberländer, Augsburg **2004** Art Karlsruhe: Kunst-Kabinett Usedom, Benz, (one-man-show) mit Buchpräsentation: *Indisches Tagebuch* · Art Gallery, NORD/LB Norddeutsche Landesbank, Hannover, Buchpräsentation: *Meerlandschaft. Ostfriesland* mit dem Kunst-Kabinett Usedom, Benz · Kunstverein Rotenburg/Wümme · Galerie der NORD/LB, Braunschweig · Galerie Hoopmann, Amsterdam · Galerie Schottelius, European Fine Arts, San Francisco · Galerie Schrade, Karlsruhe · Galerie Ludwig Lange, Berlin · Kulturzentrum Ponta del Gada, Azoren · Galerie Jas, Utrecht **2003** Galerie Ludwig Lange, Berlin, Buchpräsentation: *Christopher Lehmpfuhl in China* · Städtische Galerie, Wangen · Galerie Schrade Schloss Mochental, Ehingen · Galerie Meyer, Lüneburg **2002** Galerie Ludwig Lange, Berlin · Galerie Baumgarte, Bielefeld · Galerie Schloss Neuhaus, Salzburg · Galerie Netuschil, Darmstadt · Kunst-Kabinett Usedom, Benz, Buchpräsentation: *Meerlandschaft. Fehmarn, Rügen, Usedom* in der Galerie am Wasserturm, Berlin · Galerie von Braunbehrens, München, Buchpräsentation: *Augenblicke* auf der Art Cologne **2001** Galerie Meyer, Lüneburg · Galerie Ludwig Lange, Berlin **2000** Galerie Sebastian Drum, Schleswig · Galerie Schrade Schloss Mochental, Ehingen **1999** Kunst-Kabinett Usedom, Benz · Galerie Netuschil, Darmstadt · Galerie Meyer, Lüneburg **1998** Galerie Ludwig Lange, Berlin · Galerie im Torhaus, Gut Panker · GASAG, Berlin (Kunstpreis) (K) **1996** Galerie am See, Potsdam · Kunst-Kabinett Usedom, Heringsdorf

Gruppenausstellungen | Group Shows (Auswahl)

2018 Verleihung des Baumkunspreises 2018, Schloss Gottorf, Schleswig **2017** Galerie Ludorff, Düsseldorf · Galerie AC Noffke, Rendsburg · Kunsthalle Würth, Schwäbisch Hall · Galerie Meier, Freiburg · Art Basel: Galerie Carzaniga, Basel · Galerie Urs Reichlin, Zug · ART Karlsruhe: Galerie Ludorff, Düsseldorf · Galerie Kornfeld, Berlin **2016** Kunsthalle Würth, Schwäbisch Hall · KIAF, Seoul: Galerie Bode, Nürnberg · Artfair Köln, Galerie Schrade, Mochental/Karlsruhe · Kunst Zürich, Galerie Carzaniga, Basel · Affordable Artfair, Hamburg · Kunsthaus Müllers, Rendsburg · Kunstverein Gütersloh e. V. · Cologne Fine Arts, Galerie Ludorff, Düsseldorf · ART BASEL, Galerie Carzaniga, Basel · Busan Artfair: Südkorea: Galerie Bode, Nürnberg · Schloss Gottorf, Schleswig · Kulturforum Würth, Chur · ART Karlsruhe: Galerie Ludorff, Düsseldorf, Galerie Schrade, Karlsruhe/Mochental · ART Cologne: Galerie Ludorff, Düsseldorf · Galerie Netuschil, Darmstadt **2015** ART Elysée mit der Galerie Lebon, Paris · Daegu Artfair, Galerie Bode, Nürnberg · BUSAN Artfair, Galerie Bode, Nürnberg · KIAF, Seoul: Galerie Bode, Nürnberg · Galerie Lebon, Paris · Galerie Ludorff, Düsseldorf · Galerie im Woferlhof, Kötzing-Wettzell · ARTFAIR Köln: Galerie Schrade, Mochental/Karlsruhe · Streiffler Haus, Landau/Pfalz · Galerie Müllers, Rendsburg · Grand Hotel Seeschlösschen, Timmendorfer Strand · Art Cologne, Köln: Galerie Ludorff, Düsseldorf · Art Karlsruhe: Galerie Ludorff, Düsseldorf, Galerie Schrade, Mochental/Karlsruhe · Galerie Müllers, Rendsburg **2014** Stadtmuseum Langenfeld · Kiaf, Seoul, Galerie Bode, Nürnberg · Art Karlsruhe: Galerie Ludorff, Düsseldorf, Galerie Schrade, Karlsruhe · Art Cologne: Galerie Ludorff, Düsseldorf, Galerie Schrade, Karlsruhe, Galerie Meier, Freiburg (K) **2013** Art Karlsruhe: Galerie Ludorff, Düsseldorf, Galerie Schrade, Mochental/Karlsruhe, Galerie Meier, Freiburg · Genueser Schiff, Hohwacht (K) · Kunsthaus Müllers, Rendsburg (K), Schloss Gottorf, Schleswig (K) · Archäologisches Museum, Schleswig · Galerie Klaus Lea, München · Deaguartfair, Korea: Galerie Bode, Nürnberg · Kiaf, Seoul: Galerie Bode, Nürnberg · Kunst Zürich: Galerie Carzaniga, Basel · Krefelder Kunstverein · Art.Fair, Köln: Galerie Schrade, Mochental **2012** Art Karlsruhe: Galerie Lu-

dorff, Düsseldorf, Galerie Schrade, Mochental/Karlsruhe • Art Cologne: Galerie Ludorff, Düsseldorf • Kiaf, Seoul: Galerie Bode, Nürnberg • Deaguartfair, Korea: Galerie Bode, Nürnberg • Kunst Zürich: Galerie Carzaniga, Basel • Galerie Tobias Schrade, Ulm: *Gestrandet – Bilder vom Meer* • Art. Fair, Köln: Galerie Schrade, Mochental **2011** Art Karlsruhe: Galerie Ludorff, Düsseldorf, Galerie Schrade, Mochental/Karlsruhe, Galerie Berlin • Berliner Rathaus, Berlin: *Berliner Stadtimpressionen heute in der Bildenden Kunst* • Kunstverein Hohenaschau, mit Menno Fahl und Kathrin Rank • Art Cologne: Galerie Ludorff • Georg Kolbe Museum, Berlin, im Rahmen des Gallery Weekends *Hot Spot Berlin* • Galerie Bode, Seoul, Korea • Museum Würth, Künzelsau: *Aller Zauber liegt im Bild* • Galerie Chungdan, Korea **2010** Art Karlsruhe: Galerie Schrade, Mochental/Karlsruhe, Galerie Berlin, Galerie Ludorff, Düsseldorf • Kunstverein Augsburg (K) • Art Cologne: Galerie Ludorff, Düsseldorf • Galerie Netuschil, Darmstadt • Kunsthaus Müllers, Rendsburg • Deaguartfair Korea: Galerie Bode, Nürnberg • Kunst Zürich: Galerie Carzaniga, Basel • Art.Fair, Köln: Galerie Schrade, Mochental/Karlsruhe • Kunsthaus Hänisch, Kappeln • Peter Behrensbau, Frankfurt-Höchst **2009** Art Karlsruhe: Galerie Berlin, Galerie Ludorff, Düsseldorf, Galerie Schrade Schloss Mochental, Ehingen, Galerie Meier, Freiburg • Art Cologne: Galerie Ludorff, Düsseldorf • Galerie Herold, Hamburg • Internationales Maritimes Museum, Hamburg • MiArt, Milano: Galerie Carzaniga, Basel • Galerie im Woferlhof, Bad Kötzting • Schloss Achberg, Ravensburg (K) • DuC Wuhan, China mit der Galerie Bode, Nürnberg (K) • Galerie Schrade Schloss Mochental, Ehingen **2008** Art Karlsruhe: Galerie Berlin, Galerie Ludorff, Düsseldorf, Galerie Schrade Schloss Mochental, Ehingen • Art Cologne: Galerie Ludorff, Düsseldorf • Kunst und Antiquitätenmesse München: Galerie Ludorff, Düsseldorf • Galerie Tobias Schrade, Ulm • Galerie Bode, Nürnberg • KIAF, Seoul: Galerie Berlin, Galerie Carzaniga, Basel (K) • Galerie Carzaniga, Basel zu Gast im Principe Leopoldo, Lugano • Galerie im Elysee, Hamburg, mit den Norddeutschen Realisten (K) **2007** Art Karlsruhe: Galerie Ludorff, Düsseldorf, Galerie Schrade Schloss Mochental, Ehingen • Art Cologne: Galerie Ludorff, Düsseldorf **2006** Galerie Berlin • Galerie Schrade & Blashofer, Karlsruhe • Galerie Ludorff, Düsseldorf • Kunst-Kabinett Usedom, Benz • Museum Fähre, Bad Saulgau • Galerie Meyer, Lüneburg **2004** Altonaer Museum, Hamburg, mit den Norddeutschen Realisten **2003** Galerie Rose, Hamburg • Grenzlandausstellung, Apenrade, Dänemark • Galerie Netuschil, Darmstadt • Galerie Lange, Berlin **2002** Art Dresden Art Frankfurt • Art Cologne **2001** Große Kunstausstellung, Haus der Kunst, München (jährliche Beteiligung) • Galerie Schrade Schloss Mochental, Ehingen • Galerie Schloss Neuhaus, Salzburg, Kunstpreis: *Salzburg in neuen Ansichten* • Galerie Baumgarte, Bielefeld **2000** Galerie Ludwig Lange, Berlin • Galerie Schrade Schloss Mochental, Verleihung des Franz-Joseph-Spiegler-Preises **1999** Galerie Ludwig Lange, Berlin • Galerie Schrade Schloss Mochental, Ehingen • Galerie Netuschil, Darmstadt **1997** Galerie Meyer, Lüneburg • Galerie Ludwig Lange, Berlin • Artarmon Gallery, Sydney

(K) = mit Ausstellungs-Katalog

Publikationen | Publications

2018 *Christopher Lehmpfuhl Georgien*, Galerie Kornfeld / Wienand Verlag, 88 Seiten • *Christopher Lehmpfuhl Herbstklänge*, Galerie Schrade, Karlsruhe, 56 Seiten **2017** *Das Licht des Nordens*, Galerie Müllers, Rendsburg 2017, 72 Seiten **2016** *Christopher Lehmpfuhl Schwabenritt*, Galerie Schrade, Mochental, 56 Seiten • *Christopher Lehmpfuhl Plein-Air-Malerei in den Dolomiten*, Hirmerverlag, 120 Seiten, Deutsch/Italienisch • NZZ Edition Nr 1, Neue Zürcher Zeitung, 20 Seiten • *Sylt im Licht*, Galerie Müllers, Rendsburg, 40 Seiten • *Die Farben des Schnees*, Kunstmuseum Bensheim, 44 Seiten **2015** *Christopher Lehmpfuhl, Bornholm*, Galerie Müllers, Rendsburg, 36 Seiten • *Die Norddeutschen Realisten am Timmendorfer Strand 2015*, hg. von Christopher Lehmpfuhl, Berlin 2015, 48 Seiten • *Christopher Lehmpfuhl Plein Air*, Herausgeber Galerie Bode, Nürnberg, 21 Seiten • *Christopher*

Lehmpfuhl: Lugano, Engadin, Zürich“, Galerie Carzaniga, Basel, 56 Seiten · *Karlsruher Parklandschaften*, Galerie Schrade, Karlsruhe, 60 Seiten **2014** *Raps-Landschaften. Hans-Joachim Billib und Christopher Lehmpfuhl*, Galerie Meier, Freiburg, 40 Seiten · *Nordseelandschaften. Helgoland – Seebüll Noldegarten – Hallig Hooge*, hg. von Christopher Lehmpfuhl, Erika Maxim-Lehmpfuhl, Hannelore Stamm und Hannes Albers, Kunst-Kabinett Usedom, Benz, 112 Seiten · *Italien*, hg. von Rainer M. Ludorff und Manuel Ludorff, Galerie Ludorff, Düsseldorf, 112 Seiten · *Meer. Berge. Plein Air Malerei*, hg. von Erika Maxim-Lehmpfuhl und Christopher Lehmpfuhl, Berlin, 136 Seiten · *Plein Air Malerei 2009–2014*, hg. von Klaus D. Bode, Bode Galerie & Edition, Nürnberg, 48 Seiten · *Sturm über Sylt*, Galerie Müllers, Rendsburg, 40 Seiten **2013** *Zwischen den Meeren*, Galerie Müllers, Rendsburg, 48 Seiten · *Von Speyer bis zum Bodensee*, Galerie Schrade, Schloss Mochental, 64 Seiten · *Christopher Lehmpfuhl*, Galerie Carzaniga, Basel, 56 Seiten · *Vier Jahreszeiten*, Galerie Netuschil, Darmstadt, 56 Seiten · *Das kleine Format*, hg. von Rainer M. Ludorff und Manuel Ludorff, Galerie Ludorff, Düsseldorf, 52 Seiten **2012** *Die Norddeutschen Realisten. Symposium 2012 in Hohwacht am Genueser Schiff*, hg. von Christopher Lehmpfuhl, Berlin, 92 Seiten · *Schau – ins – Land. Neue Schwarzwaldbilder*, Galerie Meier, Freiburg, 40 Seiten · *Neues aus Berlin*, Galerie Tobias Schrade, Ulm, 10 Seiten · *Christopher Lehmpfuhl im terasse*, Bindella Galleria, Zürich, 28 Seiten **2011** *Berlin Plein Air. Malerei 1995–2010*, hg. von Erika Maxim-Lehmpfuhl, Berlin, 456 Seiten · *Bilder aus der Schweiz*, Galerie Carzaniga, Basel, 48 Seiten · *Christopher Lehmpfuhl*, Galerie Meyer, Lüneburg, 48 Seiten · *Neue Wege*, Galerie Ludorff, Düsseldorf, 72 Seiten **2010** *Die neue Mitte. Zyklus vom Rückbau des Palastes der Republik*, hg. von Christopher Lehmpfuhl, Berlin, 56 Seiten · *Australien und Oberschwaben*, Galerie Schrade, Schloss Mochental, 20 Seiten **2009** *Hamburg! Hamburg – Bilder einer Stadt*, Galerie Herold, Hamburg/Kampen, 36 Seiten · *Blühende Landschaften*, Galerie Berlin, Berlin, 48 Seiten · *Christopher Lehmpfuhl auf Amrum*, Galerie Meyer, Lüneburg, 32 Seiten · *Zwischen Skagen und Hamburg*, hg. von Christopher Lehmpfuhl, Erika Maxim-Lehmpfuhl, Hannelore Stamm und Hannes Albers, Kunst-Kabinett Usedom, Benz, 52 Seiten · *Nürnberg*, Bode Galerie & Edition, Nürnberg, 28 Seiten · *Christopher Lehmpfuhl*, Galerie Carzaniga, Basel, 32 Seiten **2008** *Schneebilder*, Galerie Meier, Freiburg, 64 Seiten · *Das Licht in der Landschaft*, Galerie Ludorff, Düsseldorf, 96 Seiten · *Australien. The Red Path*, hg. von Christopher Lehmpfuhl, Berlin, 48 Seiten **2007** *Die Alb*, hg. von Christopher Lehmpfuhl, Harry Meyer und Galerie Schrade, Schloss Mochental, Galerie Ewald Karl Schrade, Karlsruhe/Mochental, 56 Seiten · *Am Meer*, Kunst-Kabinett Usedom, Benz, 48 Seiten · *Weihnachtsbriefe 1997–2006*, hg. von Erika Maxim-Lehmpfuhl, Berlin, 120 Seiten **2006** *Stationen*, Galerie Ludorff, Düsseldorf, 72 Seiten · *Stadt-Landschaften. Malerei*, Galerie Berlin, Berlin, 48 Seiten · *Badische und oberschwäbische Landschaften*, hg. von Christopher Lehmpfuhl und Galerie Schloss Mochental, Galerie Schrade & Blashofer, Karlsruhe, 48 Seiten **2005** *Meerlandschaft. Mecklenburg-Vorpommern*, hg. von Christopher Lehmpfuhl, Hannelore Stamm und Hannes Albers, Kunst-Kabinett Usedom, Benz, 60 Seiten · *Berlin-Gemälde von Christopher Lehmpfuhl*, Galerie Lange, Berlin, 46 Seiten **2004** *Christopher Lehmpfuhl. Meerlandschaft. Ostfriesland*, hg. von Christopher Lehmpfuhl, Hannelore Stamm und Hannes Albers, Kunst-Kabinett Usedom, Benz, 64 Seiten · *Indisches Tagebuch*, hg. von Christopher Lehmpfuhl, Berlin, 48 Seiten **2003** *Christopher Lehmpfuhl in China*, hg. von Christopher Lehmpfuhl, Galerie Ludwig Lange, Berlin, 32 Seiten · *Meerlandschaft. Fehmarn – Rügen – Usedom*, hg. von Christopher Lehmpfuhl, Edition Kunst-Kabinett Usedom, Benz, 48 Seiten **2002** *Augenblicke. Bilder von 1999–2002*, hg. von Axel Zimmermann, Galerie von Braunbehrens, München, 80 Seiten **1998** *Bilder 1996–1998*, hg. von Klaus Fußmann, Berlin, 14 Seiten **1998** *Christopher Lehmpfuhl*, GASAG Kunstpreis, Hochschule der Künste, Berlin, 28 Seiten

Herausgeber | Editor: Galerie Kornfeld, Berlin

Redaktion | Project Management
Erika Maxim-Lehmpfuhl & Christopher Lehmpfuhl
Lektorat | Copy Editing: Freia Schleyerbach
Reproduction: Uwe Walter

Satz und Gestaltung | Type Setting and Graphic Design
Michael de Maizière

Gesamtherstellung | Production
Ruksaldruck GmbH & Co. KG

Printed in Germany

Erschienen im | Published by
Wienand Verlag
www.wienand-verlag.de
Weyertal 59, 50937 Köln

ISBN 978-3-86832-448-8

Danksagung | Acknowledgement
Die Galerie Kornfeld dankt den Autoren, den Übersetzern und allen Personen, die zum Gelingen dieses Buches beigetragen haben.
Galerie Kornfeld would like to thank the artist, the authors, the translators, and all those contributed to the publication of this book.

Bibliografische Information der Deutschen Nationalbibliothek
Die Deutsche Nationalbibliothek verzeichnet diese Publikation in der Deutschen Nationalbibliografie; detaillierte bibliografische Daten sind im Internet über http://dnb.d-nb.de abrufbar.
Bibliographic information published by the Deutsche Nationalbibliothek
The Deutsche Nationalbibliothek lists this publication in the Deutsche Nationalbibliografie; detailed bibliographic data are available on the Internet at http://dnb.d-nb.de.

Umschlagabbildung | Cover illustration
Kasbek-Duett | Kazbeg Duet, 2017, Öl auf Leinwand | oil on canvas
je 100 x 120 cm

Frontispiz | Frontispiece
Gipfel im Licht | Peak in Light, Stepanzminda
2017, Öl auf Leinwand | oil on canvas, 100 x 80 cm